Q&A 管理会計の最先端

2

－ 最先端を超えた超先端 －

園田 智昭 著

日本公認会計士協会出版局

はしがき

　『会計・監査ジャーナル』に、2016年より「クイズでわかる　管理会計の最先端」を連載していますが、第16回から最終回の第30回までをまとめたものが本書です。連載も後半になり、ほとんどの章が一般的なテキストでは書かれていないテーマを扱っていますので、サブタイトルは「―最先端を超えた超先端―」としました。

　本書はクイズ形式で書き進めていますが、管理会計の入門テキストを理解している人向きの、少し専門的な内容をテーマにしています。そのため、公認会計士や税理士などの会計専門家のほか、会計に関係するビジネスマン、企業の経営層の方たちだけではなく、大学生でも読めるように、平易な文章で丁寧な説明を心がけました。さらに、単行本化にあたり、以下のような大幅な加筆修正を行いました。

1．連載時には1回について概ね4,000字という制約の下で文章を書いていましたが、単行本化にあたり、説明不足の個所などを加筆修正しました。
2．章ごとのアカウンティング・クイズに加えて、本文もQ&A方式にすることで、書いてある内容を項目ごとに明確にしました。
3．クイズの解答をつけると、問題と解答だけを読んで、本文を読まない人が多いことを予想して、連載時には解答はつけていませんでしたが、単行本化にあたり、クイズ**1**については解答と解説を章末につけ、自己採点ができるようにしました。本書では、△の解答について、原則と例外を分けて記述することで、△を選択した意図を明確にする工夫をしています。大部分の**2**の解答は本文中に書いてありますので、解答は別途示していません。
4．その章のテーマ選定の意図などを、章末にコメントとして書きました。

管理会計は公認会計士の試験科目に含まれているためか、計算重視で勉強し、合格後にそれ以上勉強しない方も多いのではないでしょうか。また、予算管理や事業部制会計など、管理会計の一部の手法しか使われていない企業も多いことと思います。本書を読んで頂ければわかるように、管理会計のトピックスの中には、試験範囲に含まれていなかったり、実務に利用可能な手法も多くあります。

　本書では、理論と実務の乖離の解消を大きなテーマとして考えており、実務での管理会計の適用を意識して各章を書いています。本書は1章のページ数を8ページ程度に抑え、全体でも130ページ程度にすることで、持ち運ぶのに負担のない重さになっています。電子書籍版としても発行していますので、通勤時の電車の中などで、気軽に読んで頂ければと思います。本書を読まれた方の仕事に、少しでも役に立つようであれば幸いです。本書の出版に関しては、日本公認会計士協会出版局の方々にお世話になっています。関係した皆様に厚く御礼申し上げます。

　2020年3月

園田智昭

【本書について】

本書は、2019年4月に出版した「Q&A管理会計の最先端—より深く学ぶためのアプローチ—」の続編です。本書では、先の書籍を「第1巻」と記載しています。

【正誤問題について——なぜ△なのか】

一般的に正誤問題の解答は、○か×のどちらかですが、本書の正誤問題の解答には、○と×に加えて△も含まれています。なぜなのでしょうか。

本書のQ&Aには、基本的には○（または×）と考えられるが、例外が存在するという問題を多く含んでいます。このような場合、例外を無視して一般的な場合を正解とする場合と、例外があるので不正解とする場合の、両方の解答の仕方があるように思います。

本書では、△について以下の3つのケースを想定しています。

---

① 原則的には○だが、例外があるケース。

② 原則的には×だが、例外があるケース。

③ ○か×か意見が分かれるケース。

ほとんどのケースは①か②のどちらかですが、まれに○か×か意見が分かれる③のケースも存在しています。たとえば、事業部の損益計算書に本社費を配分すべきか否かについては、実務的には配分するケースがほとんどかもしれませんが、理論的には配分すべきとする見解と、配分すべきではないとする見解の間で結論は出ていません。本書では、解答者にどこまで深い知識があるのかを問うために、以下の5つの選択肢を用意しました。

1　○

2　△（原則的には○だが例外がある）

3　△（○か×か意見が分かれて結論が出ていない）

4　△（原則的には×だが例外がある）

5　×

1章で3問の正誤問題がありますので、15章で全45問、正解は1問10点ですので、満点は450点です。なお、正解が2または4のときに、原則（2のときは1、4のときは5）を選択した場合は、基本的論点は理解していますので5点としました。

　解答と自己採点にあたっては、以下の2点に注意してください。

① 　解答では、例外があることをもって○または×とはせずに、△を正解としています。たとえば、原則的には○ですが例外がある場合は、5の×とはせずに、2の△（原則的には○だが例外がある）と解答してください。

② 　△を解答として選んだ場合には、その理由も考えて、解説と概ね同じ場合のみ10点としてください。考えていた理由が解説と異なる場合には、5点としてください。

③ 　△については、どの番号を選択したかではなく、解説の内容を理解できていたかどうかで採点をしてください。たとえば、原則と例外を逆に考えて、2が正解のところを4と解答したり、3と解答していても、解説の内容が理解できていれば正解としてかまいません。

　以下に、採点結果に基づくコメントを書いておきますが、あくまで皆さんの学習の動機づけのための参考程度とお考えください。なお、本書では計算問題は扱っていませんので、ここで書いた理解度には、計算力は含めていません。

400点－450点	素晴らしい！管理会計について、例外事項も含め、よく理解しています。
350点－395点	管理会計について、例外事項も含め、概ね理解しています。もう少し！
270点－345点	管理会計について、基本テキスト以上のことを理解しています。もう少し興味を広げて勉強してみましょう。
200点－265点	管理会計について、基本テキストレベルのことは理解しています。思い切って、それ以外のトピックスも勉強してみましょう。
150点－195点	もう少し勉強すると、基本レベルの管理会計をマスターできます。
0点－145点	まずは基本レベルの管理会計を勉強してみましょう。

◆目次

はしがき ………………………………………………………………… i

【本書について】 ……………………………………………………… iii

【正誤問題について──なぜ△なのか】 …………………………… iii

第1章　企業グループの管理会計 …………………………………… 1

第2章　原価計算基準の改訂を考える ……………………………… 10

第3章　監査経験と管理会計研究の関係性 ………………………… 17

第4章　2017年度　新作問題の棚卸し ……………………………… 25

第5章　変動費と固定費の分解について …………………………… 33

第6章　マネジメント・コントロールは管理会計か ……………… 42

第7章　学会の全国大会開催のプロジェクト・マネジメント …… 50

第8章　意外と難しい組織の業績評価 ……………………………… 59

第9章　Q&Aシェアードサービス　その2 ……………………… 68

第10章　小さな組織のマネジメント・コントロール …………… 76

第11章　2018年度　新作問題の棚卸し …………………………… 86

第12章　管理会計と財務会計の数値は一致するべきか ………… 95

第13章　管理会計アラカルト ……………………………………… 103

第14章　工場見学は楽しい ………………………………………… 112

第15章　管理会計の最先端とは …………………………………… 120

索引 …………………………………………………………………… 129

第1章 企業グループの管理会計

《第1章のテーマ》

　管理会計のテキストに記載されている記述の多くは、企業内で管理会計手法を利用することを前提としています。しかし、現在では、企業の意識も親会社中心主義から、グループ全体の業績を対象としたグループ経営に転換しています。その場合に、管理会計の研究テーマには、どのような変化が生じるのでしょうか。今回は、企業グループの管理会計について、3つの視点を提供して検討します。

───────── アカウンティング・クイズ ─────────

1　以下の文章について、もっとも当てはまる選択肢を、枠内の1〜5から選んでください。

①　グループ会社の利益が増えれば、連結上の利益も増加する。

②　税金の管理は、管理会計の課題ではない。

③　企業グループに管理会計手法を適用すると、企業内で同じ手法を利用したときと比べて、手法が変化することがある。

1	○
2	△（原則的には○だが例外がある）
3	△（○か×か意見が分かれて結論が出ていない）
4	△（原則的には×だが例外がある）
5	×

2　本文中に示した、オフィスの賃貸に関するケースについて、全体最適と部分最適の両者を同時に成り立たせる方法を2つ考えてください。

1

①		②		③	

2

Q1 企業グループのマネジメントについて、管理会計の観点からどのようなテーマを考えることができるでしょうか。

　管理会計のテキストは、基本的に企業内で管理会計を利用することを前提としています。たとえば、**連結セグメント会計**は、**セグメント会計**の特徴と**連結会計**の特徴を併せ持つため、さまざまな新しい論点を持っています。しかし、組織区分ごとに業績を測定するセグメント会計については、企業内の事業部の業績を測定する手法として説明されることがほとんどであり、連結セグメント会計について触れた管理会計の文献は、園田（2014）などを除き、ほとんど存在しません。

　日本の大企業は、自社の業績だけではなく、グループ全体の業績を意識したグループ経営にシフトしています。そのような問題意識のもとに、2013年9月より2年間、日本会計研究学会で、スタディ・グループの主査として共同研究を実施し、2017年の11月に編著書として『企業グループの管理会計』（中央経済社）を出版しました（以降は、園田（2017）と表記します。）。この研究では、企業グループのマネジメントについて、以下の3つの視点から分析を実施しています。

---

① 　企業グループ全体の最適化と、個別企業または連結セグメントにおける部分最適化の整合性
② 　企業内で適用されている管理会計手法を、企業グループ全体に適用することで生じる変化
③ 　**企業グループ・マネジメントに固有の管理会計に関する課題**

　園田（2017）では、①〜③のいずれかの問題意識に基づいて、メンバーが自らの研究テーマについて執筆しています。また、企業への訪問調査と質問票調査を主な手法として用いているのも特徴です。図表1-1をみればわかるように、

【図表1-1】研究テーマと視点

研究テーマ	3つの視点の選択	調査対象企業等	執筆者
3つの視点について	3つの視点について、例示しつつ説明		園田智昭 （慶應義塾大学）
人的資産管理 （分社型純粋持株会社） （統合型純粋持株会社）	①	・NTTグループ ・マルハニチログループ	内山哲彦 （千葉大学）
マネジメント・コントロール	①②	・製造業A社グループ	横田絵理 （慶應義塾大学）
知識の移転	①②	・サントリーグループ	福田淳児 （法政大学）
移転価格マネジメント	①③	・キヤノングループ	高久隆太 （慶應義塾大学）
環境会計	②	・質問票調査	岡　照二 （関西大学）
企業グループ型ロイヤルティ・ プログラム	①②	・質問票調査 ・大手私鉄3グループ	青木章通 （専修大学）
企業グループの価値評価	②	－	平井裕久 （神奈川大学）

人的資産管理、マネジメント・コントロール、知識の移転、移転価格マネジメント、環境会計、企業グループ型ロイヤルティ・プログラム（ポイント・カード）、企業グループの価値評価などのさまざまな領域に対して、上記の視点を適用できることがわかります。

Q2　企業グループの全体最適と部分最適の関係については、どのようなパターンがあるのでしょうか。

①　全体最適と部分最適の定義と関係

　第1巻の第8章では、企業グループ内の全体最適と部分最適の4つのレベルを図解し、部品の購入先（グループ企業とサプライヤー）の選択の問題と、シェアードサービス会社への委託の問題を取り上げました。そこでは、全体最適と部分最適の定義と、両者の関係については説明していませんが、園田（2017、p.7）では、企業グループを構成する組織（グループ会社または**連結セグメント**）

	利益の変化			
	パターン1	パターン2	パターン3	パターン4
特定のグループ会社または連結セグメントの利益の変化	増加	増加	増加	増加
他のグループ会社または連結セグメントの利益の変化	変化なしまたは増加	減少	減少	増加と同額の減少
企業グループ全体の利益の変化	増加	増加	減少	変化なし
全体最適との整合性	整合的	整合的	整合的ではない	整合的
部分最適化同士の対立	対立はない	対立	対立	対立

(出所：園田、2017、p.8図表1-2を一部修正)

の利益が増加することを、部分最適と定義しています。また、企業グループを構成する組織の利益が増加することで、企業グループ全体の**連結利益**が現在よりも増加する状態を、全体最適と定義しています。部分最適が生じたときに、企業グループ全体の連結利益が現在よりも減少する状態は、部分最適と全体最適の間で**コンフリクト（対立）**が生じていることを示しています。

　このような部分最適と全体最適の関係は、図表1-2に示すように4つのパターンに示され、パターン1以外の3つのパターンでは、何らかの形での調整が必要になります。パターン2と4をみればわかるように、部分最適と全体最適の間でコンフリクトが生じていなくても、部分最適と部分最適の間、すなわち、グループ会社間等でコンフリクトが生じている可能性があり、この点には特に注意が必要です。

Q3　グループ会社の部分最適が、企業グループ全体の最適化につながらないケースをあげてください。

　ある企業グループで、親会社がオフィスを所有し、グループ会社がそのオフィスを年間1億円で賃借していたとします。このグループ会社の業績が悪いた

めに、グループ外部の企業から、オフィスを8千万円で借り換えたとすると、グループ会社の業績は2千万円改善されることになります。

　一方、親会社の賃貸収入は1億円減少し、グループ外にキャッシュ・アウトする8千万円が、連結上の利益の減少額となります。この結果、グループ会社の最適化は、企業グループの全体最適と一致しないことになります（図表1-2のパターン3に該当）。なお、親会社とグループ会社の間の賃貸借料のやり取りは、連結上相殺されるので、この仮設事例では、賃貸借料がいくらであっても、**連結損益計算書**には影響を与えません。

　ところで、このケースでは、全体最適と部分最適を一致させるために、いくつかの方策を考えることができます。第1に、グループ会社が契約解除したオフィスを、グループ外の別の会社に1億円以上で貸すことができれば、親会社と連結上の利益は以前より増加します。この方法は、図表1-2のパターン1に該当します。

　第2に、グループ会社への賃貸価格を引き下げて、グループ外企業との契約を阻止する方法が考えられます。グループ企業間の取引価格の水準は、連結会計上の利益には影響を与えないので、この方法による連結利益の変動は0（変化なし）です。一方、賃借側のグループ会社の利益は、値下げの分だけ改善されるので、部分最適とも整合的です。ただし、親会社の収益は値下げ分だけ低下しますが、0よりはましであることと、全体最適を維持できる点を考えると、次善の策として検討する余地はあると考えます。第2の方法は、図表1-2のパターン4に該当します。

　なお、第3の方法として、賃貸価格をそのままにする代わりに、グループ会社の業績を評価するときに、差額の2千万を管理会計上の利益として、追加的に計上する方法も考えられます。この方法では、管理会計上の操作で部分最適と全体最適を保ちますが、そのための調整を親会社が行う必要があります。さらに、グループ会社の意思決定の事前調整という作業が加わりますので、難易度は非常に高くなります。

Q4 企業グループに適用することで変化する管理会計手法と、企業グループ・マネジメントに固有の管理会計の課題を示してください。

2番目の視点は、企業内で適用されている管理会計手法を、企業グループ全体に適用することで生じる変化です。図表1-1に示すように、園田（2017）では、マネジメント・コントロール、知識の移転、環境会計、企業グループ型ロイヤルティ・プログラム、企業グループの価値評価について、企業内と企業グループ全体での適用で生じる、管理会計手法の変化について検討しています。

たとえば、連結セグメント会計は、連結会計とセグメント会計の2つの特徴を持ち、連結セグメントの売上高には、セグメント間の内部売上高と内部振替高が含まれます。したがって、連結セグメントの売上高の合計額からそれらの金額を減算して、連結財務諸表の売上高と一致させるという調整が必要になります。

3番目の視点については、園田（2017）では、移転価格マネジメントが取り上げられています。**移転価格課税**は、2国間にまたがるグループ内取引に関する課税ですので、企業グループを当初から視野に入れていることになります。移転価格課税は税務上の既存の論点であり、費用ではなく法人税を対象としていますが、税金を減らすことは留保利益の増加を意味しますし、リスクマネジメント上も重要な論点です。そのため、税金のマネジメントは、今後、管理会計上の大きな研究テーマに含まれていくと考えます。

また、シェアードサービス会社の売却の意思決定について、筆者の担当部分で紹介しています。シェアードサービス会社の売却は、売却後にも経理や人事の業務を実施する必要があることから、グループ内でそのような機能を集約して行うか、**アウトソーサー**に委託するかの選択の意思決定を意味しています。前者は内部的なマネジメントの問題であり、後者は市場を通じた価格による管理の問題になります。

解答と解説

① グループ会社の利益が増えれば、連結上の利益も増加する。

解答：2　10点　1　5点

【原則的な考え方】

　連結財務諸表は、グループ会社の財務諸表をまず合算し、その後で連結修正仕訳を行います。したがって、単純に考えれば、グループ会社の利益が増えれば、合算した利益の金額も大きくなります。

【例外的な考え方】

　図表1-2で示したように、グループ会社の利益が増えても、連結上の利益が減少する場合があります。たとえば、グループ会社間でサービスのやり取りがある場合、サービスを受ける企業が、グループ外部のより価格が安い企業に取引先を変えたとします。この場合、このグループ会社の業績は改善されますが、サービス提供側の企業では売上がなくなり、利益が大幅に減少します。連結的にはその差額だけ利益が減少し、外部の企業に対する支払いの金額だけキャッシュ・アウトします。

　本章では、オフィスの賃貸を例にとって説明しましたが、シェアードサービス会社への経理や給与計算の委託についても同じことがいえます。結論としては、企業グループ内にキャパシティがある場合は、グループ内で業務を行った方が業績的に有利ということになりますが、安ければグループ外部に委託した方がよいと考えている実務家も多いようで、この説明をしても、なかなか理解してもらえないのはもどかしい限りです。

② 税金の管理は、管理会計の課題ではない。

解答：2　10点　1　5点

【原則的な考え方】

　管理会計は、損益計算書項目のうち、主に費用を研究対象としていますので、利益から差し引かれる法人税などの税金のマネジメントは、通常は研究の対象とはしていません。

【例外的な考え方】

　税金は費用性の税金（租税公課）と、法人税などの利益から控除される税金に大別できます。法人税は費用ではないので、管理会計は今まで研究の対象にしてきませんでしたが、企業にとっては利益を減らす要因の１つにすぎません。また、企業グループ・マネジメントで、海外子会社の管理を研究するのであれば、移転価格課税を避けて議論をすることはできません。したがって、管理会計の観点からも、法人税の管理について研究する必要があります。なお、租税公課は費用ですので、管理会計の対象を費用と限定しても、研究されているかどうかは別として、その範囲には含まれていることになります。

③　企業グループに管理会計手法を適用すると、企業内で同じ手法を利用したときと比べて、手法が変化することがある。
　解答：１　10点

　すべての手法が変化するわけではありませんが、たとえばセグメント会計は、連結セグメント会計になり、セグメント会計と連結会計の両者の特徴を持つようになります。予算管理にも、予算の連結という問題が生じます。

（ 第１章についてのコメント ）

　大多数の管理会計の研究は、企業内での適用を前提としています。本章では、企業グループの全体最適と部分最適について、管理会計の観点から考察しました。グループ会社や連結セグメントの利益が増加しても、ほかのグループ会社や連結セグメントの利益が減少すれば、企業グループ全体の利益は減少する可能性があります。

　本来であれば、親会社でグループ管理を担当する部門が、このような行動を防がなくてはいけないのですが、利益を減らす指導をしづらいだけではなく、そのような問題意識自体が持たれていないために、ほぼ野放し状態になっているのが現状ではないでしょうか。実際のところ、実務家相手にこの話をしても、理解できる人は少ない感触があります。

　企業グループを視野に入れた管理会計についての研究の蓄積はまだ少なく、

多くの課題が残されています。今回紹介したもの以外にも、企業グループの利益目標を、グループ会社の予算にどう配分して反映させるか、グループ内で製造機能を分化した場合の連結原価計算なども、検討したい課題です。

参考文献

園田智昭（2006）『シェアードサービスの管理会計』中央経済社

園田智昭（2014）「企業グループマネジメントの進展に伴う管理会計のイノベーション」『會計』185巻2号

園田智昭　編著　（2017）『企業グループの管理会計』中央経済社

第2章 原価計算基準の改訂を考える

《第2章のテーマ》

　　原価計算基準が作成されてから50年以上が経過しました。その間に改訂の議論がたびたび起きていますが、まだ具体的な動きにはつながっていません。今回は、原価計算基準の何が問題なのか、そして、将来的に改訂すべきかどうかについて考えてみたいと思います。

────────── アカウンティング・クイズ ──────────

1 　以下の文章について、もっとも当てはまる選択肢を、枠内の1〜5から選んでください。

　　① 　原価計算基準は、正規に認められた会計基準である。

　　② 　原価計算基準は、財務会計の基準である。

　　③ 　販売費及び一般管理費については、原価計算基準には記載されていない。

1	○
2	△（原則的には○だが例外がある）
3	△（○か×か意見が分かれて結論が出ていない）
4	△（原則的には×だが例外がある）
5	×

2 　原価計算基準の記載事項に関する問題点を2つ考えてください。

1

①		②		③	

2

Q1　原価計算基準には、どのような課題があるのでしょうか。

　日本の企業が原価計算をするときに、**原価計算基準**は無視できない存在ですが、公認会計士試験の合格者でも、前文を含めて原価計算基準をすべて精読した人は少ないかもしれません。原価計算基準が、大蔵省企業会計審議会中間報告であることを知らない人も多いのではないでしょうか。原価計算基準は中間報告ですので、正式に公の機関によって認められた基準ではありませんが、慣例として、**企業会計原則**と同格の、**一般に公正妥当と認められる会計基準**のうちの1つとして扱われており、実務でも尊重されているのは周知の事実です。

　しかし、中間報告の日付けは昭和37年（1962年）11月8日ですので、作成されてから50年以上が経過していることになり、その間に何回か改訂の議論が行われてきました。たとえば、1977年に日本会計研究学会が組織した「原価計算基準特別委員会」の研究成果は、岡本清編著『原価計算基準の研究』（国元書房）として出版されています。また、原価計算基準の管理会計的な要素を補うものとして、企業経営協会編『解説　経営原価計算実施要領』（中央経済社）が1982年に出版されています。最近でも、2011年の日本会計研究学会の第70回大会や、2015年の日本原価計算研究学会の第41回全国大会で、統一論題のテーマになっています。

　それでは、原価計算基準にはどのような課題があるのでしょうか。よくいわれているのは、原価計算基準は製造業を対象にしており、サービス業については対象外であるということです。また、昭和37年以降の研究が反映されていないため、**活動基準原価計算**（**ABC**：Activity Based Costing）などの、その後の研究成果や、コンピュータの発展や**ERP**の導入による影響が反映されていません。さらに、後入先出法が適用できなくなったり、退職給与引当金繰入額から退職給付費用に勘定科目が変更されるなど、会計基準の変更も反映されていません。

　原価計算基準の改訂については、以下の3つの視点について検討する必要が

あります。以下、これら3つの視点について私見を述べますが、説明の都合上、まず第2の視点について検討します。

① 原価計算基準を改訂すべきか否か。
② 改訂する場合、財務会計基準とすべきか、管理会計的な要素も含めるべきか。
③ 改訂する場合の具体的な変更点とは何か。

Q2 原価計算基準を改訂した場合、純粋な財務会計基準とせず、管理会計的要素を含めるべきでしょうか。

　原価計算基準には、財務諸表作成、価格計算、原価管理、予算管理、基本計画設定という5つの目的が書かれています。このことは、現行の原価計算基準は財務会計基準であるとともに、管理会計的要素を含んでいることを意味しています。ただし、両者の割合は5：5ではなく、原価計算基準では、基本的に財務諸表作成のための原価計算のプロセスを定めており、管理会計的要素については、原価管理と予算管理についての記述が多少書かれている程度です。

　もし、今後、原価計算基準を改訂するとして、現在のように管理会計的な要素を含めるべきでしょうか。公に認定された基準、すなわち、「一般に公正妥当と認められる会計基準」として新たに作るのであれば、財務会計基準機構の**企業会計基準委員会**が作成を担当することになります。このことは、原価計算基準が財務会計基準として作成され、管理会計的要素を入れることは難しいことを意味しています。

　その場合には、現行の原価計算基準のうち、管理会計に関する4つの目的（基準1）はなくなり、第一義的な目的が原価管理とされている**標準原価計算**については（基準40）、財務会計だけでの利用を前提とした記述に限定され、変更

12

の影響が大きくなります。たとえば、財務会計だけの利用を考えるのであれば、差異分析は総差異だけでよく、能率差異や操業度差異といった詳細な差異分析（基準46）は不要になるかもしれません[1]。そうすると、管理可能費と管理不能費の区分とともに、変動費と固定費に関する記述も必要なくなります（基準8）。

Q3　原価計算基準を改訂する場合、変更すべき点は何でしょうか。

　原価計算基準を読み直してみましたが、改訂するのであれば、具体的な計算プロセスを明確化する記述をつけ加える必要性を感じました。総合原価計算における完成品総合原価と期末仕掛品原価の計算など（基準24）、手順が詳細に示されている場合もあるのですが、補助部門費の製造部門への配賦については、直接配賦法、階梯式配賦法、相互配賦法の名称が示されているだけで、具体的な計算プロセスについては書かれていません（基準18）。**階梯式配賦法**について、どの補助部門から配賦を行っていくか、その順番を決定する基準を記載するなど、具体的な計算プロセスを定める必要があります。加工費工程別総合原価計算（基準26）、仕損および減損の処理（基準27）などについても、同様の指摘をすることができます。

　さらに、解釈のあいまいさを避けるために、言葉での説明だけではなく、具体的な計算方法について、数字を用いた設例を示すことも必要です。この点については、「固定資産の減損に係る会計基準の適用指針」の設例の記載が参考になると思います。

　なお、**販売費及び一般管理費**も原価に含まれますので、現行の原価計算基準には項目が設けられていますが（基準37〜39）、損益計算書を作成するために特に必要なことは書かれていません。したがって、販売費及び一般管理費の項目は記載せず、製造原価の計算に限定してもかまわないと考えます。

1　余談ですが、製造間接費の配賦差異の細分化については、原価管理上、意味があるかどうかを再検討する必要があると思います。たとえば、操業度差異が不利差異の場合、需要がなくても操業を行えば差異は小さくなりますが、会社にとっては余剰在庫が増えるだけでマイナスです。

Q4　原価計算基準の改訂は、本当に必要なのでしょうか。

　ここまで、原価計算基準の改訂を前提として記述してきましたが、実際のところ、私自身は改訂が必要だとは考えていません。日本では、簿記検定という形で、原価計算基準に基づいた原価計算が長く学習されており、基準に基づく原価計算が企業に定着しています。もちろん、企業が適用しているのは基準どおりの原価計算ではなく、企業ごとの製造プロセスに合わせてカスタマイズした原価計算ですし、原価計算基準自体に多くの課題が存在するのも事実ですが、バイブル化した原価計算基準をあえて改訂する必要性はないと思います。もし改訂するのであれば、現在の基準に含まれている管理会計的要素はあきらめることになるでしょう。

　したがって、改訂するのではなく、現在の基準を補う**適用指針**といった形で、詳細な計算プロセスを文章で明確化するとともに、数値を用いた設例も示すことで、原価計算基準を補足することが現実的ではないでしょうか。なお、このような改訂を行っても、すべての製造物に対応した包括的な原価計算基準にするのか、業種別の原価計算基準を作るのかという問題は残ります。

解答と解説

① 原価計算基準は、正規に認められた会計基準である。

　解答：4　10点　5　4点

【原則的な考え方】

　原価計算基準は中間報告であり、国が認める正式な基準ではありません。

【例外的な考え方】

　本問では、何をもって「正規」とするかにより、正解が変わります。国が認めたわけではないものの、監査上尊重される「一般に公正妥当と認められる会計基準」かどうかを正規の判断基準とすれば、原価計算基準は正規に認められた基準であるということもできます。この問題は、一般的な認識（解答では例外的な考え方として説明）を正解として考えることもできます。その場合には、

２を10点、１を５点として採点してください。

② 原価計算基準は、財務会計の基準である。

解答：２　10点　１　５点

【原則的な考え方】

　財務諸表を作成するためには、貸借対照表に計上する材料、仕掛品、製品の期末原価を確定し、損益計算書の売上原価を計算しなくてはなりません。原価計算基準の大部分は、そのために行われる原価計算の手順を定めています。

　原価計算基準では、原価計算の目的として、基本計画の設定が含まれていますが、それに関連した具体的な記述は書かれていません。このような理由から、原価計算基準は、管理会計の基準ではなく、財務会計の基準としてとらえる方が妥当であると思います。

【例外的な考え方】

　原価計算基準の中には、管理可能性に基づく原価の分類や、標準原価計算の差異分析など、管理会計に関連した項目が、ほんの一部分とはいえ含まれています。したがって、純粋な財務会計の基準とは言い切れません。

③ 販売費及び一般管理費については、原価計算基準には記載されていない。

解答：５　10点

　原価計算基準の37から39は、販売費及び一般管理費に関して記載しています。なお、この記載については、機能別分類とした記述が複合費を意味しているという問題があります。

第2章についてのコメント

　原価計算基準が作成されてから50年以上が過ぎ、その間、何度か改訂の議論が行われています。私自身は、原価計算基準を財務会計基準として考えていますし、改訂をするのではなく、適用指針を作成すればいいと考えていますが、管理会計的な要素も含めて原価計算基準を改訂すべきと考える学者も多くいます。したがって、本文中では、あえて「私見」という断りを入れて記述しました。

コンピュータの発展や、新製品の開発に伴い、50年以上前に作られた原価計算基準と実務が離れている可能性は大いにありますが、残念ながら、以前とは異なり、原価計算を取り扱った研究は非常に少なくなりました。1990年代に多くの研究が行われた活動基準原価計算についても、21世紀以降は研究対象に選ばれることは極めて少なくなっています。グループ企業の中に生産子会社がある場合の連結原価計算や、IFRSを適用した場合の連結財務諸表と個別財務諸表で適用される原価計算の違いの調整、海外の企業でどのような原価計算が行われているのかなど、原価計算に関するテーマはまだまだ存在しています[2]。原価計算の研究については、実務家の協力が不可欠です。その意味で、学会、公認会計士、企業の連携が求められています。

参考文献

岡本清編著（1981）『原価計算基準の研究』国元書房

企業経営協会編（1982）『解説　経営原価計算実施要領』中央経済社

園田智昭（2011）「IFRSのアドプションによる原価計算・管理会計への影響」『企業会計』63巻10号

2　原価計算に対するIFRSの影響については、園田智昭（2011）を参照してください。

第3章 監査経験と管理会計研究の関係性

《第3章のテーマ》

第1巻では、3回にわたり、管理会計と隣接学問（簿記、経営学、マーケティング）の関係性を考察してきました。本章では、「管理会計と隣接学問の関係を探る」シリーズの第4弾として、管理会計と監査の関係について考察します。

─────── アカウンティング・クイズ ───────

1 以下の文章について、もっとも当てはまる選択肢を、枠内の1〜5から選んでください。

① 管理会計による貸借対照表項目の研究はない。

② 管理会計が研究対象とする損益項目は、営業利益までである。

③ 予算は予定値なので、財務諸表の適正性には影響を与えない。

```
1  ○
2  △（原則的には○だが例外がある）
3  △（○か×か意見が分かれて結論が出ていない）
4  △（原則的には×だが例外がある）
5  ×
```

2 あなたが知っている、監査論の専門用語を2つあげてください。公認会計士試験合格者の方は、合格後に知った、監査論の専門用語を2つあげてください。

1

①	②	③

2

Q1 貸借対照表項目に関する管理会計の研究が少ないのはなぜでしょうか。

　管理会計と**監査**は、それぞれが会計学に属する学問領域ですが、どのような関係にあるのでしょうか。管理会計が企業の経営で必要な会計情報の提供を目的とするのに対し、監査では**財務諸表**が適正に作成されているかどうかを問題とします。このような違いから、管理会計と監査の関係性は薄いと思われるでしょうし、実際にほとんどといってよいほど、研究者の交流は行われていません。

　たとえば、基本的な管理会計の手法である予算については、予定値なので財務諸表の適正性には関係がないようにみえます。しかし、実現不可能なほど予算の目標利益が大きい場合には、会計上の不正を犯しても目標を達成する誘因を、事業部等に与えるかもしれません。こう考えると、管理会計と監査は全く無関係とはいえないと思います。本章では、「管理会計と隣接学問の関係を探る」シリーズの第4弾として、簿記、経営学、マーケティングに続き、管理会計と監査の関係について考察します。

　私の監査経験は4年ほどのささやかなものですが、その後に行った管理会計の研究に影響を与えているのは間違いありません。管理会計の基本的な関心は、損益計算書の利益管理、すなわち、収益性の向上にあり、売上総利益を増加するために行う製品の原価管理や、事業セグメントごとの収益性の管理、コスト・売上（販売量）・利益の関係を考察するCVP分析など、大部分がコストの削減による利益の増加をテーマにしています[1]。

　しかし、**貸借対照表項目**の管理については、原価計算を除き、管理会計ではほとんど研究されていません。もっとも、負債の一部と資本の管理、すなわち、資金調達についてはファイナンスの領域になりますので、ここでの疑問は、**資産の実在性**や効率的な利用といった資産管理について、管理会計がなぜ消極的なのかということに限定したいと思います。

1　収益を増加しても利益は増えますが、第1巻の第13章で述べたように、収益を増加する手法はマーケティングで主に研究されており、管理会計ではほとんど研究されていません。

　一方、収益と費用の金額の妥当性だけではなく、資産の実在性も重要な監査上の要点です。資産の実在性のリスクは、将来的な損失の計上につながることから、利益管理にも影響を与えます。また、資産を効率的に運用することで収益性の向上が期待できますが、これらの点に興味を持つ管理会計の研究者はそれほど多くありません。

　それでは、管理会計はなぜ資産を研究対象としないのでしょうか。考えられる理由として、以下のようなものをあげることができます。

---

① 　資産の管理は簿記の記帳を通じて行っており、貸借対照表項目については、財務会計で詳細な基準を設定していることから、学問間の役割分担が意識されている。

② 　管理会計が対象とする損益項目は営業利益までであり、資産管理に由来する営業外損益と特別損益は、資本コストなどを除き、研究対象としていない。

③ 　資産管理の効果を利益と関係づけることが難しい。

④ 　資産の管理については、税法が関連した実務的要素が濃く、管理会計手法に基づく理論化が難しいと考えている。

Q2　CMSとブランドについて、どのような管理会計の研究が行われているのでしょうか。

　管理会計が資産管理を重視していないのは、現在でも変わりがありませんが、安全性分析、現金預金の管理、CMS（Cash Management System）、売掛債権の管理、ブランドとレピュテーションの管理、その他の固定資産の管理などは、管理会計の観点から研究をすることができます。また、会社側が内部的に行う資産管理のツールとして、実査と確認という基本的な監査技術が利用可能です。

IT化による管理業務プロセスの変化が監査技術に与える影響も含め、管理会計の観点から監査技術の再検討をしてみたいと考えています。

　CMSとブランドについては、純粋に管理会計の観点から資産管理について研究を行いました。CMSは、企業グループ内で資金の**全体最適**と**部分最適**を同時に実現する手法であり、**企業グループ・マネジメント**の重要な手法です。たとえば、ある企業がAとBの２社の子会社を持つとします。子会社Aは業績が好調で、預金を10億円保有しています。逆に、子会社Bは事業を立ち上げたばかりで、運転資金が不足し、銀行から10億円の借金があります。この場合、連結貸借対照表には預金10億円と借入金10億円が両建てとなり、預金と借入金の利率の差の分だけキャッシュ・アウトが生じます。また、分母が大きくなるため、連結上の**総資産利益率**（**ROA**：Return on Assets）にも悪影響を及ぼしています。

　CMSを導入した場合は、CMS統括組織である親会社が、子会社Aの余剰資金を借入という形で日々集約し、資金不足の子会社Bに運転資金として貸し付けます。この結果、連結貸借対照表の預金と借入金が相殺され、支払利息も削減されます。CMSはシステムや担当者にかかるコストが小さいわりに効果が高く、多くの企業が導入しています。

　ブランドは貸借対照表に計上する項目ではありませんが、1990年代初めより、より広い意味での無形資産として、マーケティング分野で注目を集めています。会計的な観点からの研究は、ブランドを貸借対照表の資産に計上すると仮定した場合の評価方法がほとんどですが、園田（2005）では、ブランド評価の目的により評価方法を変えることを提案し、特に、管理会計的なブランド管理目的による評価について検討しました（概略を知りたい方は、第１巻の第13章をお読みください。）。

　製品の製造プロセスは、原価計算で研究されています。一方、製造後の在庫の管理については、管理会計ではほとんど研究されていませんが、実地棚卸の方法、棚卸減耗損、評価損、自動倉庫など、実務的な論点は多く残されていま

す。このほかにも、減損の意思決定プロセスや、リースか購入かの意思決定と、その後のリース物件の管理などは、管理会計の観点から取扱いが可能な論点です。

Q3　監査の経験が、管理会計の研究に役立つことがあるのでしょうか。

　監査の経験は、研究テーマの選定だけではなく、管理会計の研究の遂行にも役立っています。私の研究では、企業を訪問してインタビュー調査を行い、データの収集をしています。企業の経理担当者と話すときには、管理会計のテーマとはいえ、財務会計上の処理や基準に話が及ぶことが多くあります。実務家の話を聞いて、実際の証憑等の動きや作業を具体的にイメージできるのも、監査の経験によるもので、そこから、より深い質問をすることが可能になります。

　現在は監査業務をしていませんが、公認会計士の資格登録をしていますので、継続的専門研修（CPE：Continuing Professional Education）を受ける義務があり、『会計・監査ジャーナル』の記事等から、日本の会計基準やIFRSに関する最低限の動向についてフォローしていることが、インタビューの内容の深さに影響を与えることもあります。名刺に公認会計士の肩書が書いてあることも、経理担当者から私への信用度に貢献しているものと思います。

　公認会計士第二次試験に合格したのは今から30年以上前ですが、この文章を書くために、久しぶりに監査論のテキストを読んでみたところ、アサーション、期待ギャップ、指定社員制度など、30年以上前に受験勉強をしていた当時のテキストには書かれていない専門用語も多くあり、時間の流れを感じました。

　特に公認会計士の職業倫理については、最初に『倫理規則』が制定されたのは昭和41年ですが、平成8年以降の改正の頻度の多さに加えて、独立性に関する指針、利益相反に関する指針、さらに、解釈指針、チェックリスト、ガイドブック等の充実は隔世の感があり、このテーマの重要性を感じることができま

す。

　その一方で、監査上の問題が生じると、担当した公認会計士の不注意や倫理上の問題がクローズアップされ、監査技術の対応可能性に意識があまり向けられていないようにも感じます。金融商品の高度化も著しいものがありますが、現在、RPA（Robotic Process Automation）が本社部門の業務効率化を目的として盛んに導入されており、一種のブームになっています。今後は、より進んだ段階であるAIに進化していくことが予想されるなど、会計業務についてコンピュータの利用は日進月歩です。

　このような変化に対する監査技術上の対応または変化は、監査法人ごとに監査マニュアルの改訂という形で行われているのかもしれませんが、監査技術についてのテキスト上の記述は、30年前とそれほど変わっていないように思います。環境変化に合わせた監査技術のブラッシュ・アップについては、管理会計の立場から興味を持っています。

解答と解説

① 管理会計による貸借対照表項目の研究はない。

　解答：5　10点

　　管理会計の研究は、損益項目中心であることは事実ですが、貸借対照表項目の研究がないわけではありません。本文中に書いたCMSとブランドだけではなく、設備投資の意思決定やソフトウェアもそれに該当します。また、貸借対照表を構成する個々の項目ではありませんが、事業部や社内カンパニーの貸借対照表作成方法に関する研究もされています。

② 管理会計が研究対象とする損益項目は、営業利益までである。

　解答：2　10点　　1　5点

　【原則的な考え方】

　　管理会計が研究対象としている費用は、売上原価（製造原価）と販売費及び一般管理費です。したがって、管理会計が直接的に研究対象とする損益項目は

営業利益までであるといえます。また、セグメント別損益計算書も、基本的には営業利益をベースとして作成しています。

【例外的な考え方】

投資利益率については当期純利益を分子として計算することもありますし、セグメント会計では、社内金利を問題とすることもあります。M&Aやリストラクチャリングの影響は、特別損益項目に表われます。法人税等は費用ではありませんが、企業にとっては当期純利益の控除項目という点で、費用との違いはありません。これからは、管理会計でも税金のマネジメントは欠かせない研究対象になると思います。

③　予算は予定値なので、財務諸表の適正性には影響を与えない。

解答：2　10点　1　5点

【原則的な考え方】

財務諸表は、企業が活動を行った結果を貨幣学的に表示したものですので、行動計画を予定値として貨幣額で示した予算は、財務諸表の適正性には影響を与えません。

【例外的な考え方】

予算は年間の会計行為の入り口であり、財務諸表はその終着点です。努力による向上を見込んだ予算にする必要はありますが、あまりにも予算の達成可能性が低い場合には、予算を達成したことにするために、会計的な不正が行われるかもしれません。その意味で、適切な予算を作ることは非常に重要です。

第3章についてのコメント

「管理会計と隣接学問の関係を探る」シリーズの第4弾として、管理会計と監査との関係について考えてみました。自分の短い監査の経験では、管理会計の知識を使ったことはありませんが、よく考えてみると、不適切な予算は、財務会計の作成に悪影響を与えている可能性があります。また、管理会計が資産の管理に取り組む場合、監査技術の考え方を援用できるかもしれません。

今回は、管理会計の立場から、監査の経験や学習が研究に役立つことを述べ

ました。逆に、公認会計士の方々も、公認会計士試験の範囲を超えて管理会計を学習することで、得るものもあると思います。

参考文献

園田智昭（2005）「ブランド評価の目的の観点から見た評価基準の選択─ブランド・エクイティ論をめぐる諸問題の整理」『日経広告研究所報』39巻5号

園田智昭（2006）「CMSによる企業グループ全体の資金マネジメント」『會計』170巻5号

鳥羽至英、秋月信二、永見尊、福川裕徳（2015）『財務諸表監査』国元書房

第4章 2017年度 新作問題の棚卸し

《第4章のテーマ》

　学問は実務には役に立たないと思っている人もいると思いますが、実務にヒントを得て多くの管理会計の問題を作成してきました。本章では、2017年度に実務からヒントを得て作成した問題を紹介することで、管理会計の理論と実務のつながりを考えてみたいと思います。

──────── アカウンティング・クイズ ────────

1 以下の文章について、もっとも当てはまる選択肢を、枠内の1～5から選んでください。

① 商品を完売することはよいことである。

② 管理会計の目的は、計算して結果を出すことである。

③ 機会損失と機会原価は同じ概念である。

1	○
2	△（原則的には○だが例外がある）
3	△（○か×か意見が分かれて結論が出ていない）
4	△（原則的には×だが例外がある）
5	×

2 今までに経験した機会損失の事例と、それを回避するためにどのような方策を取り得たのかについて考えてください。

1

①	②	③

2

Q1 管理会計で、実務にヒントを得た問題を作ることはできるのでしょうか。

　過去に作成した管理会計の問題の中には、実務にヒントを得て作成した問題が多くあります。実務にヒントを得たといっても、実際に私が体験したことに基づく問題もありますし、ビジネスに関するニュースや講演で知った内容に基づく問題もあります。たとえば、本書の第1章「企業グループの管理会計」で示した、親会社からオフィスを賃借していたグループ会社が、グループ外部の企業からより安いオフィスを借り直す事例も、ある企業の講演からヒントを得て、全体最適と部分最適のコンフリクトに関する仮設事例として、デフォルメして作成した問題です。

　学問は机上の空論であり、実務には役立たないと思っている人も多くいると思います[1]。しかし、第1巻の第11章で紹介したように、管理会計の理論によって実務を説明することは可能ですし、その証拠として、実務を題材として管理会計の問題を作ることもできます。ここでは、2017年度に実務からヒントを得て着想した問題を紹介することで、管理会計の理論と実務のつながりを考えてみたいと思います。

　本章では、読者が問題設定をイメージしやすくする効果を期待して、バジェタリースラックという架空の劇団を舞台にして問題を提示します。バジェタリースラックの主催者は目白みやびさんという役者で、大学時代の先輩であるK大学のS先生に経営上の相談をしているという設定です[2]。

【問題1】コンサートのグッズ完売

　目白みやびさんは、昨日、応援しているスターのコンサートに行ったのですが、グッズが買えなくて残念な思いをしたようです。

1　ある映画の中で「academic」というセリフの字幕が「机上の空論」になっていました。
2　バジェタリースラックの詳細な設定については、園田（2017、10頁）を参照してください。

目　白：昨日、コンサートでペンライトしかグッズが買えなかったのよね。

S先生：ペンライトが買えればいいじゃないですか。

目　白：東京の2回目の公演でグッズが買えないなんて信じられない！
2週間前の関西公演（6日間9公演）が終わって在庫の数はわかっているのだから、追加で発注すればいいのに。Tシャツ買いたかった〜。

　S先生が調べてみたところ、グッズが完売して買えないことは、ほかのコンサートでもよくあることのようです。このコンサートの東京公演は6日間10公演で、主催した会社は複数のグループ会社を持ち、グッズについてはそのうちの1社が企画・販売を担当し、製造は外部の中小企業に委託していました。

Q2　管理会計の観点から、グッズの売切れの問題点を指摘してください。

　目白みやびさんは、グッズを買う意思があったのに、完売のために買うことができませんでした。このことをコンサートの主催者側からみると、グッズを販売できる機会を失ったことになりますので、**機会損失**が生じています。この問題では、全公演の半分近くでグッズがほぼ販売されていませんので、多くの利益を逸失していることがわかります。機会損失の発生は、在庫さえあれば、その分、売上を多くできることを意味していますので、多くの小売店では在庫管理を行って、在庫不足による機会損失を回避する努力をしています。東京公演は6日間で10公演ですので、この問題では8公演分のグッズ販売機会をみすみす逃していることになります。

　なお、機会損失という概念は、実現しなかった売上という意味で用いられることが多いようです。したがって、ある意思決定をしたことで、選択されなか

った代替案のうちの最大の利益を意味する**機会原価**とは、異なる概念としてここでは使っています。両者の関係は、「機会損失−（想定される）売上原価＝機会原価」という計算式で表わすことができます。

Q3 コンサートを主催した会社が、グッズの完売を容認している理由を考えてください。

　このコンサートの主催者がなぜ機会損失を見逃しているのかがＱ３の趣旨になります。これについては推測するしかありませんが、いくつかのケースに分けて解答を考えてみましょう。

　第１のケースは、グッズ販売会社が、機会損失よりはグッズの完売を優先的な目的としている場合です。在庫不足による機会損失の逆の問題として、過大な在庫によって廃棄損がでるリスクも存在します。グッズ販売会社が安全性を優先して、グッズの**在庫率**（未販売在庫÷発注量）を業績評価指標とし、なるべく在庫率をゼロにしようとしているのであれば、早い日程でグッズが完売しても、業績評価上は問題ないと判断するでしょう。この場合は、経営層も含めて、組織としてグッズの売切れの放置を肯定する業績評価指標を選択していることになります。

　第２のケースは、コンサートを主催した会社のグループ企業の上層部が、公演グッズについて機会損失の状態にあることを認識していない場合です。公演グッズが完売した日を担当者が伝えなければ、経営層は公演グッズが最終日近くで売切れたものと誤解するかもしれません。第２のケースでは、本来であれば担当者に改善を求めるべき経営層が、知るべき情報を得ていないために機会損失を認識していないという、情報の非対称性が問題の原因となっています。

　第３のケースは、会社が機会損失という概念を理解していない、現場では売切れの問題を認識していても、対応が面倒と見て見ぬふりをしている、コンサートではグッズの売切れは当たり前と思い込むといった場合で、このような場

合も改善活動は行われません。グッズの売切れが恒例となることで、希少性を高めて購買意欲を喚起すると肯定的に考えている場合には、むしろ意図的に品薄が引き起こされる可能性があります。

Q4　コンサートを主催した会社が実施すべき改善策は何でしょうか。

　この問題の解答を抽象的に表現すると、業績評価指標の選択ミスということになります。したがって、グッズの在庫率だけではなく、いつ売り切れたのかを測定する業績評価指標が必要になります。たとえば、完売になった公演の回数÷公演回数（ここでは仮に完売日率と名付けることにします）を測定すると、この問題では（9＋2）÷（9＋10）≒0.58となり、日程のうち42％はグッズ販売がほぼ行われていないことになります。この情報は、グッズの責任者に注意喚起を促し、グッズを追加発注するとか、販売数を予測して製造数を増やすなどの改善につながります。

　この問題については、コンサートを主催した会社の経営層が機会損失という概念を理解し、問題意識を持つことが大前提になります。コンサートを主催した会社は複数のグループ会社を持ち、グッズについてはグループ企業の1つが企画・販売を担当していますので、業務ごとの分権化意識が進みすぎると、解決はより難しくなります。この問題を解決するためには、組織横断的なマネジメント・コントロールの実施が望まれます。

【問題2】 ホテルのビュッフェ

S先生：劇団のメンバーと、沖縄のリゾートホテルに慰安旅行に行ったそうじゃないですか。

目　白：オフシーズンで、朝食つきの安いパッケージツアーがあったからね。

S先生：いいですね。楽しかったでしょう。

目　白：それが、朝食のビュッフェ会場で食事をとるのに時間がかかって、出発に遅れそうになったのよ。

S先生：みやびさん、たくさん食べすぎたんじゃないの。

目　白：失礼ね、違うわよ。料理を置いてあるテーブルが、正方形（カタカナのロの字型）に配置されていたのね。列の始まりがわからないから、みんな適当なところから入ったので、列が進まなかったの。オフシーズンだからまだいいけど、オンシーズンは大混乱よね。普通のビュッフェみたいに机を一列に配置すればいいのに、なんでそうしないのかしら。従業員は見ているはずなのに。

Q5　問題2の論点は問題1と何が異なるのか、機会損失の観点から考えてください。

　【問題2】の論点が【問題1】と異なるのは、客が朝食ビュッフェ会場で滞留することで生じる悪影響を、会計的に測定するのが難しい点です。リゾートホテルの朝食は、宿泊料やパッケージ料金に含まれている前払いが一般的です（目白さんの旅行も、朝食つきのパッケージツアーでした。）。したがって、レストランの混雑で次の客が入れなくても、ホテル側に機会損失が生じる可能性は小さく、会計的にはオペレーションの稚拙さが測定されません。

　ただし、混雑に辟易した客の満足度が下がり、ホテルのリピーターとならないリスクはあります。この場合は宿泊料の機会損失として測定可能ですが、料飲部門を原因とした宿泊部門での収益減ですので、部門の壁により認識や対応が困難であることは容易に予想できます。

　なお、混雑に気がついても面倒で放置することもあるでしょうし、そもそも、従業員が解決すべき課題として認識していない可能性もあります。ミステリー小説で、名探偵がワトスン役の登場人物を批判するときにによく言うセリフ、**「見ているが観察していない」**は、ビジネスの現場でもよく見かける光景です。この点については、【問題1】も【問題2】と同様であると考えてよいでしょう。

解答と解説

①　商品を完売することはよいことである。

　解答：2　10点　1　5点

　【原則的な考え方】

　売れ残りの在庫があると廃棄損が生じるだけですので、商品の完売は肯定できます。

　【例外的な考え方】

　早い時期に完売し、より多くの需要がある場合は、完売をよしとせずに追加生産を行うべきです。その場合に売れ残りが生じても、「追加利益－廃棄損」が正であれば、追加生産によって収益性が改善されたことになります。

②　管理会計の目的は、計算して結果を出すことである。

　解答：5　10点

　管理会計の目的は、企業が経営を行うときに必要な会計情報を提供することにあります。その意味では、計算して結果を出すことは必要ですが、それだけではなく、計算した結果に基づいた改善提案など、より広い機能を包含していると考えるべきでしょう。資格試験の勉強だけをしていると、計算上の正解を求めることに満足する傾向がありますが、そこから一歩進んで改善策や例外事

項まで考えてほしいものです。ホテルのビュッフェの解答で書いたように、実務的には問題の認識（発見）も大きな課題になります。

③　機会損失と機会原価は同じ概念である。

解答：5　10点

　　機会原価は、ある代替案を選択したときに、別の案を選択していれば得ることができたであろう利益を意味しています。それに対して、機会損失は、管理会計の用語ではなく、一般的に使われている用語であり、売上の機会を逃したときに、販売できていれば獲得できた収益の金額を意味することが多いようです。なお、経済学では機会原価のことを機会費用と表現しています。

（　**第4章についてのコメント**　）

　　日常の生活の中で、たまに管理会計の観点から説明できる事柄に出会うことがあります。本章では、そのような経験をもとに作成した新作問題を、解答つきで紹介しました。コンサートもホテルのビュッフェも、名前は出しませんが実際の経験に基づいています。コンサートについては、ヒントが書いてあるので、特定しようと思えばできるかもしれません。

　　本章で示した2つの問題とその解説を読めばわかるように、日常的に体験する疑問について抽象化して考えることで、管理会計の観点から分析できる場合があります。気がつかないだけで、皆さんの身近にも同じような事例が多く存在していることと思います。○×△問題の解答で示したように、管理会計は単に計算を行うだけではなく、計算した結果を改善に結びつけるまでを包含しており、そこに実務的な面白さがあります。問題の解答については、条件や発想を変えることで、別の説明ができるかもしれません。ここでの解答例をたたき台にして、より突っ込んだ検討をしていただければ幸いです。

参考文献

園田智昭（2017）『プラクティカル管理会計』中央経済社

第5章 変動費と固定費の分解について

《第5章のテーマ》

　費用を変動費と固定費に分解する、いわゆる費用の固変分解は、多くの管理会計の手法で必要とされる基本的な作業です。固変分解の方法はいくつかあるのですが、実際に企業のデータを使って作業をした経験がある人は、意外と少ないのではないでしょうか。本章では、基本的な内容になりますが、固変分解の方法について見直してみることにします。

───── アカウンティング・クイズ ─────

1　以下の文章について、もっとも当てはまる選択肢を、枠内の1～5から選んでください。

①　勘定科目法は大雑把な方法なので、固変分解の方法としては使うべきではない。

②　固変分解のもっとも理論的な方法は最小自乗法なので、一定以上のデータ数で最小自乗法を利用すれば、費用線を推定することができる。

③　CVP図表の売上高線は45度線である。

```
1  ○
2  △（原則的には○だが例外がある）
3  △（○か×か意見が分かれて結論が出ていない）
4  △（原則的には×だが例外がある）
5  ×
```

2　費用を変動費と固定費に分解したときに、適切な費用線とはいえないケースを2つあげてください。

1

①		②		③	

2

Q1 変動費と固定費の分解を前提とした管理会計の手法について教えてください。

　いくつかの管理会計の手法では、費用を**変動費**と固定費に分解（**固変分解**）することを前提としています。たとえば、直接原価計算では、売上高から変動費を控除して限界利益を計算し、固定費については、製造にかかわる固定費も含めて期間費用として扱います。貢献利益法に基づく事業部制会計でも同様に、事業部売上高から事業部の変動費を控除して限界利益を計算します[1]。差額原価収益分析では、固定費の多くを意思決定に影響を与えない埋没原価としてとらえます。標準原価計算では、変動予算に基づく製造間接費の差異分析で、原価を変動費と固定費に区分し、能率差異や操業度差異を計算します。

　このように、多くの管理会計の手法で費用の固変分解を行いますが、その中で代表的な手法は**CVP分析**です。CVP分析はCostとVolumeとProfitの関係を分析する手法であり、損益が拮抗する**損益分岐点分析**は、CVP分析に含まれる手法です。CVP分析では、費用または原価について、変動費（正確には営業量に対する変動費率）と固定費を計算し、$y = ax + b$という**費用線**の式を導きます。営業量としては、売上高または販売量のどちらかが選ばれます。

　図表5-1は、x軸の値が売上高か販売量で、**CVP図表**がどう変化するのか

【図表5-1】x軸の値によるCVP図表の違い

x軸の値	xが売上高	xが販売量
売上高線	$y = x$	$y = px$（pは価格）
費用線$y = ax + b$のaの意味	変動費率	1個当たり変動費
売上高線の角度	45度	45度ではない

1　貢献利益法に基づく事業部制会計では、事業部を対象として費用を直接費と間接費（本社費）にまず分類し、事業部の直接費を変動費と固定費に分類します。さらに、事業部の固定費を管理可能性の観点から管理可能費と管理不能費に再分類します。このように、3つの観点から費用を分類するという意味で、事業部制会計の理解は、管理会計の基本的な論点の理解につながるといえます。

を一覧表として示しています。CVP図表を書くときに、なんとなく（または反射神経で）**売上高線**を45度線にしている（またはしていない）人がいるかもしれませんが、売上高線が45度線になるのは、x軸が売上高のときだけです。y軸は売上高ですので、x軸が売上高の場合は、両軸とも売上高で一致し、売上高線は$y = x$で45度線となり固定されます[2]。

　一方、x軸が販売量の場合は、売上高$y = $価格$p \times$販売量$x$となり、45度線にはならず、価格$p$の値により売上高線の角度は変化します。このように、x軸が売上高か販売量かによって売上高線の角度が変わることは、意外と知られていないので、注意が必要です。

Q2　費用を変動費と固定費に分解するには、どのような方法があるのでしょうか。

　変動費と固定費に費用を分解する方法としては、①勘定科目法、②スキャッターチャート法、③高低点法、④最小自乗法（回帰分析）の４つの方法があります。このうち、①の勘定科目法以外の方法は、$y = ax + b$という費用線の式を推定する方法であり、正確にいえば、個々の費用を変動費と固定費に分けているわけではありません。その一方で、①の勘定科目法では、**準変動費**や**準固定費**など、１つの勘定科目が複合的な性質を持っている場合には、それを反映させることはできませんが、セグメント別の損益計算書を作成するのであれば、勘定科目法によるしか方法はありません。

　これら４つの方法の中で、もっとも理論的な方法と考えられているのが、④の最小自乗法です。**最小自乗法**は、回帰分析という統計的な手法に基づいており、$\sum y = a \sum x + nb$（nはデータ数）と$\sum xy = a \sum x^2 + b \sum x$という２つの方程式を解くことで、各点からの距離の２乗の合計が最も小さくなる$y = ax + b$の式を求めます。つまり、最小自乗法により導いた費用線は、これ以外のaとbの

2　興味がある方は、x軸が売上高のとき、価格の変化がCVP図表に与える影響を考えてみてください。

値のどの費用線よりも、売上と費用の組合せに近い直線であることを意味しています。

しかし、最小自乗法を用いたからといって、必ずしも適切な費用線を導けるわけではありません。最小自乗法では、ある程度の期間のデータに基づいて費用線を推定しますので、その間に費用構造が変わると、その変化が反映され、変動費率が1以上やマイナス、固定費がマイナスなど、全体としてはおかしな費用線が推定される可能性があります。

Q3 企業または企業グループの費用線を簡単に推定する方法について教えてください。

最小自乗法は連立方程式に基づく計算をする必要がありますので、気軽に利用できるわけではありません。さらに、ある程度のデータ数が必要ですので、その期間にわたるデータの変動の影響が反映されており、翌期の費用の金額を推定するには向いていないかもしれません。そのため、授業では、③の高低点法の簡便的な方法として、実際の企業のデータを使って、図表5-2の1）から5）の手順で、2期間の売上高と費用から費用線を推定する実習をさせています。

【図表5-2】2期間の売上と費用による費用線の推定手順

1）2期間の売上高と費用（売上原価と販売費及び一般管理費の合計額）から変動費率を計算する。

$$変動費率（v）＝\frac{2期間の費用の差}{2期間の売上高の差}$$

2）費用の合計から変動費を控除することで、固定費を計算して費用線を推定する。

固定費（F）＝費用合計－売上高（x）×変動費率（v）

費用線（y）＝vx＋F

３）営業利益を推定する計算式を導く。

営業利益＝売上高－費用＝x－（vx＋F）＝（1－v）x－F

４）翌期の売上高xを上記の式に代入することで、翌期の営業利益を推定する。

５）営業利益の推定値と実際値を比較し、両者の差額と、実績値÷予測値の値を計算する。

　学生は自分の好きな企業の損益計算書で実習を行いますが、きれいな費用線を推定できた上に翌期の営業利益も推定値に近い値になる企業もあれば、費用線は推定できても翌期の営業利益は推定値と大幅にかい離する企業、変動費率がマイナスになるなどで費用線自体が推定できない企業など、結果はさまざまです。費用線が2期間で推定できない場合には、前期の値ではなく前々期の値との差で計算するなど、なんとか費用線を推定するように各自が工夫をすることで、応用力が身につくことを期待しています。

Q4　適切な費用線が推定できない理由は何でしょうか。

　ところで、2期間の財務データから費用線を推定する場合、変動費率が1以上またはマイナスになったり、固定費がマイナスになったりするのは、いくつかの理由が考えられます。たとえば、大規模なリストラや企業統合をした後では、企業グループの費用構造が大幅に変化し、前期の費用線と当期の費用線が全く異なったものになります。図表5-3では、新費用線が旧費用線の下方に位置しています。この場合、両費用線上の2点を結んだ直線の傾き、すなわち、変動費率はマイナスになります。一方、図表5-4では、新費用線は旧費用線の上方に位置し、両費用線上の2点を結ぶ直線の角度も急になり、売上の変化以上に費用が増加しています。この場合、変動費率は1を超え、y軸とこの直

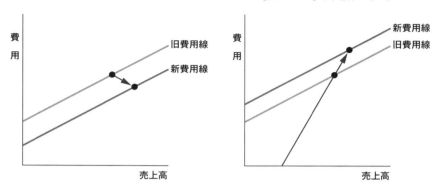

【図表5-3】費用線の移動1

費用

旧費用線
新費用線

売上高

【図表5-4】費用線の移動2

費用

新費用線
旧費用線

売上高

線の交点もマイナスとなることから、固定費もマイナスとなります。ある期間で費用線が複数回変動するケースまで拡張すれば、最小自乗法により適切な費用線を推定できない場合の理由も説明することができます。

　適切な費用線が導けない理由として、その企業グループの費用線が、変動費＋固定費という構造をとっていない可能性ももちろんありますが、その場合は、変動費と固定費の分解を前提とした管理会計技法自体の信頼性という問題も出てきます。その一方で、個々のプロジェクトや、演劇の公演、プロ・スポーツなどでは、y＝ax＋bという費用線を前提とせず、関連する勘定科目の（たとえば、公演や試合の回数による）変化を予想することで、損益分岐点等を計算することも可能です。テキストの説明では、費用線に基づくCVP分析が定番ですが、企業でCVP分析がどのように行われているのかという実務についても研究を進める価値があると思います。

Q5　固定費は管理できない費用なのでしょうか。

　ところで、固定費は変化しない一定の金額で、管理ができない費用だと思っていないでしょうか。固定費は売上高や直接作業時間が増減しても変化しない費用と定義されるため、固定費がx軸の値に反応しないことを示すために、確

かにCVP図表ではx軸に水平な固定費線をひきます。

　しかし、意思決定の段階で発生額を変化させることができる固定費も多くあります。たとえば、研究開発費や広告宣伝費は、毎年度の予算で次年度の金額を決定します。売上高に比例的に変化するわけではありませんが、意思決定の段階で発生額を変化させることができるために、研究開発費や広告宣伝費は管理可能という意味で、**マネジド・コスト**と呼ばれています。

解答と解説

① 勘定科目法は大雑把な方法なので、固変分解の方法としては使うべきではない。

　解答：2　10点　1　5点

　【原則的な考え方】

　　勘定科目法は、個々の勘定科目を変動費と固定費に分類する方法で、選択の根拠が希薄なことと、準変動費と準固定費を無視している点で問題があります。

　【例外的な考え方】

　　セグメント別の損益計算書を貢献利益法で作る場合には、個々の勘定科目を変動費と固定費に分類する必要がありますので、勘定科目法しか採用することはできません。

② 固変分解のもっとも理論的な方法は最小自乗法なので、一定以上のデータ数で最小自乗法を利用すれば、費用線を推定することができる。

　解答：2　10点　1　5点

　【原則的な考え方】

　　最小自乗法は、統計の単回帰分析であり、費用を変動費と固定費に分解するためのもっと理論的な方法であるといわれています。そのため、一定数のデータがあるのであれば、最小自乗法により費用線を推定することが望ましいことになります。

　【例外的な考え方】

　　費用構造が大幅に変化した場合は、変動費率が1以上やマイナスになったり、

固定費がマイナスになるなど、最小自乗法でも費用線は推定できないことがあります。また、一定数のデータがあるということは、その期間全体のデータを説明する費用線を推定していることになり、直近の年度の費用線ではありません。したがって、2会計期間のデータによる費用線の推定と比較して、来年度の費用の予測力が劣る可能性があります。

③　CVP図表の売上高線は45度線である。

　解答：3　10点

　CVP図表の売上高線は、横軸（x軸）に売上高をとるか、販売量をとるかにより、売上高線の角度は異なります。x軸に売上高をとると、y軸も売上高なので、売上高線は$y=x$で表される45度線になります。一方、x軸に販売量をとると、売上高線は$y=px$（pは価格）となり45度線にはなりません。

　x軸の違いに関係なく、どちらかの角度の売上高線しか書かない人も多いのですが、図では明確に区別して表記したいものです。なお、y軸には売上高と費用の金額が示されますが、両者ともx軸の値の関数として示される金額ですので、2つの項目が同時にy軸で表されても問題はありません。

脚注2の問題の解答

　x軸が売上高のときは、売上高線は$y=x$で45度線に固定され、価格の変化は売上高線の変化に反映されません。一方、$y=ax+b$で表される費用線のa（変動費率）は、変動費÷売上高（または1個当たり変動費÷価格）で計算されます。価格の変化は売上高を変化させますので、x軸が売上高のときの価格の変化は、費用線の角度に反映されることになります。

第5章についてのコメント

　売上高線の角度や固定費の管理可能性など、このテーマについては、知っているようで案外気づいていないこともあるのではないかと思います。管理会計による費用線は直線ですが、純粋な変動費と固定費はほぼ存在しませんので、大雑把な仮定に基づいて費用線を推定しているにすぎません。CVP分析では費

用と利益の大体の関係がわかればよいので、分析の手間をかけてまで費用線を
曲線にする必要はありません。

　本章では、最先端というよりは、変動費と固定費という、むしろ基本的な内
容を説明しましたが、こういったベーシックな内容にも検討の余地は残ってい
ることを、理解していただけたでしょうか。

第6章 マネジメント・コントロールは管理会計か

《第6章のテーマ》

　ここ数年の管理会計研究のホット・イッシュー（Hot Issue）のうちの1つは、間違いなくマネジメント・コントロールです。マネジメント・コントロールは昔から存在する概念ですが、それ自体を取り上げた研究は、日本では今までそれほど多くなかったように思います。本章では、マネジメント・コントロールについて、現在、行われている研究の前提となっている概念を紹介し、最後に小規模組織への適用について考えてみたいと思います。

―――――――――― アカウンティング・クイズ ――――――――――

1 以下の文章について、もっとも当てはまる選択肢を、枠内の1～5から選んでください。

　① マネジメント・コントロールは、管理会計の一領域である。

　② 管理会計の業績評価では、組織の業績を対象としている。

　③ マネジメント・コントロールは、大学の授業の運営には適用できない。

1	○
2	△（原則的には○だが例外がある）
3	△（○か×か意見が分かれて結論が出ていない）
4	△（原則的には×だが例外がある）
5	×

2 マネジメント・コントロールの構成要素を、3つあげてください。

1

①		②		③	

2

Q1　アンソニーとサイモンズのマネジメント・コントロール論を説明してください。

　管理会計の学者にとっては、**マネジメント・コントロール**は慣れ親しんだ用語かもしれませんが、簿記の検定試験や公認会計士試験で取り上げられる可能性がほぼないために、公認会計士や実務家にとっては、あまり触れる機会がない言葉かもしれません。しかし、マネジメント・コントロールに関する研究は、ここ数年の管理会計系の学会のトレンドになっており、近年、非常に注目を集めています。

　今回は、マネジメント・コントロールに関する主要な研究として、**アンソニー**（1968）、**Simons**（1995）、Malmi and Brown（2008）を簡単に紹介し、管理会計とマネジメント・コントロールの関係について考察してみたいと思います。なお、マネジメント・コントロールについてはさまざまな定義が存在しますが、本章では、「組織の目的達成に向けて構成員を動機づけるために、意図的に採用される手法」と定義しておきます。

　アンソニー（1968、20頁-24頁）では、戦略的計画、マネジメント・コントロール、オペレーショナル・コントロールの3つに業務を分類し、階層化しています。アンソニーの著書に基づいてマネジメント・コントロールという概念が説明される場合、計画と統制という管理会計の体系に、マネジメント・コントロールをどう関係させて説明するのかといった議論や、マネジメント・コントロールの主要な方法として予算管理が紹介される程度で、そのほかの管理会計手法との関係や、管理会計以外にどのような手法が含まれているのかなどは、日本ではあまり問題とされてきませんでした。

　1990年代になると、Simons（1995, p.7, Figure1.2）が、事業戦略を実行するための4つの**コントロール・レバー**として、信条システム、境界システム、診断的コントロール・システム、インターラクティブ・コントロール・システムを提示しました。管理会計手法は、主に診断的コントロール・システムに属し

ますが、それ以外にもマネジメント・コントロールを構成する要素が存在することが明示され、信条システムは基本的価値観に、境界システムはリスクに、診断的コントロール・システムは重要な業績変数に、インターラクティブ・コントロール・システムは戦略的不確実性に対応する手法であることも示されました。

Q2 MCSパッケージとはどのような考え方でしょうか。

Malmi and Brown（2008, p.291, Fig.1）は、マネジメント・コントロールは以下の要素の集合体であり、複数の手法が組み合わされて用いられるとして、マネジメント・コントロール・システムズ・パッケージ（MCSパッケージ）という概念を提唱しました。

---

① **文化的コントロール**（クラン：共通の目的を持つ集団[1]、価値、シンボル）
② **計画**（長期計画、アクション・プラン）
③ **サイバネティック・コントロール**（予算、財務的測定システム、非財務的測定システム、ハイブリッド測定システム）
④ **報奨と報酬**
⑤ **管理的コントロール**（ガバナンス構造、組織構造、方針と手続）

MCSパッケージでは、マネジメント・コントロールの手法が、それぞれ単独で用いられるだけではなく、ほかの手法と合わせて効果を発揮している可能性を示し、その後の研究を大きく促進させました。しかし、MCSパッケージの構成要素はかなり幅広く、管理会計手法といえる項目は、③のサイバネティック・コントロール（予算、財務的測定システムなど）であり[2]、それ以外につ

---

1 原文ではClansと表記されています。
2 ④の報奨と報酬については、管理会計でも従業員の業績評価指標が研究されていますが、基本的には労務管理の領域です。

いては、コントロールに含めることが適当かどうか迷う項目もあります。

　たとえば、⑤の管理的コントロールに属するガバナンス構造、組織構造、方針と手続については、マネジメント・コントロールの前提条件である組織のインフラとしてとらえる方が適切であると思います。ガバナンスについては、不適切な方法による目標達成を阻害する働きもしますので、目標の達成という観点からは、逆機能の役割を果たす場合もあります。

　①の文化的コントロールについて、組織文化が構成員の行動に影響を与えることは確かです。たとえば、アメーバ経営で有名な京セラでは、フィロソフィーという経営哲学を用いて、従業員に行動の方向性を示しています。しかし、多くの企業がコントロールのツールとして組織文化を意図的に使っているかどうかは、検討すべき事項です。定義に示したように、コントロールに「意図」を含意させるかどうかによって、文化的コントロールをマネジメント・コントロールに含むか否か、結論が変わってくるでしょう。

Q3　管理会計とマネジメント・コントロールは、どのような関係にあるのでしょうか。

　ここ数年の管理会計の研究では、Simons（1995）とMalmi and Brown（2008）のマネジメント・コントロールについてのフレームワークに基づいて、多くの研究が行われていますが[3]、管理会計とマネジメント・コントロールはどのような関係にあるのでしょうか。

　図表6-1（次頁）のように、管理会計とマネジメント・コントロールは部分的に重なるものの、別の概念であるとするのが第1の考えです（図表では、マネジメント・コントロールをMCと表記しています。）。また、管理会計はマネジメント・コントロールの部分集合であるとする図表6-2（次頁）の見解や、管理会計とマネジメント・コントロールを同義とする図表6-3（次頁）

3　マネジメント・コントロールの研究動向についてより詳しく知りたい方は、横田（2018）を参照してください。

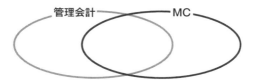

【図表6-1】 管理会計とマネジメント・コントロールの関係1

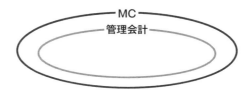

【図表6-2】 管理会計とマネジメント・コントロールの関係2

【図表6-3】 管理会計とマネジメント・コントロールの関係3

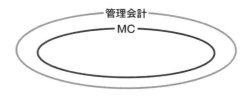

【図表6-4】 管理会計とマネジメント・コントロールの関係4

の考えのほかに、管理会計がマネジメント・コントロールを包含するという図表6-4の考え方もありえます。

　管理会計に属する手法や情報の定義は学者によって違いますが、私自身は図表6-1の立場に立ち、**貨幣額**に基づく情報か、少なくとも計量的な**非財務的指標**に基づく情報を管理会計情報と考えています。したがって、MCSパッケ

ージの構成要素のうち、③のサイバネティック・コントロールと、④の報奨と報酬の一部だけが管理会計で、それ以外の項目は管理会計には含めていません。

　逆に、マネジメント・コントロールではない管理会計の手法としては、CVP分析、差額原価収益分析、設備投資の意思決定で用いる正味現在価値法などの、計画段階で用いる手法をあげることができます。なお、マネジメント・コントロールについては、**経営学**との関係、すなわち経営学と共通部分を持つのか、経営学の部分集合なのか、逆に経営学が部分集合なのか、経営学とイコールなのかも明確にはされていません。

Q4　MCSパッケージの考え方を実務ではどう使えばいいのでしょうか。

　企業の実務を考えると、さまざまな管理的手法が組み合わさって活動をしているのは自明であると思います。たとえば、財務的測定システムと非財務的測定システムを組み合わせた利用についても、標準原価計算の差異分析で、価格差異と数量差異に分けた分析は昔から行われていました。大企業であれば、管理的コントロールに属するガバナンス、組織、方針と手続も整備されていると思います。

　このように、多くの企業でMCSパッケージの構成要素がすでに複合的に存在しているので、実務に携わっていると、パッケージという概念に新規性を感じることはないと思います。しかし、そこで示された構成要素の組合せによっては、より大きな効果を得ることができるかもしれません。また、管理体制が整っていない中小企業などでは、マネジメント・コントロールが適切に行われているかどうかを確認するための、チェック項目として使うこともできます。

　たとえば、大学のゼミ等の小規模授業の運営を考えた場合、MCSパッケージであげられた要素のうち、長期計画や予算などのサイバネティック・コントロールは、ほぼ使うことができないという制約があります。そのときにどのよ

うなコントロールを用いることができるのか、MCSパッケージの構成要素を見比べて検討することも無駄ではないと思います。

　大学と小中学校の違いはありますが、一時、学級崩壊が問題になったように、学校のクラスの運営は、現実的にはそれほど楽ではありません。また、企業でもマネージャー層が管理する組織の大きさは、課やチームなどの小さな組織であり、小規模組織のマネジメントは実は一般的な課題です。自分の管理下の組織のマネジメント・コントロールを、皆さんも見直してみてはいかがでしょうか。

解答と解説

①　マネジメント・コントロールは、管理会計の一領域である。

　解答：2　10点　1　5点

　【原則的な考え方】

　会計系の学会では、マネジメント・コントロールの研究であれば、管理会計の研究として扱われています。その場合には、両者の実際の関係性はともかく、マネジメント・コントロールは、管理会計の一領域であると考えられているということだと思います。

　【例外的な考え方】

　マネジメント・コントロールと管理会計の関係については、4通りの関係を考えることができますが、明確にされないまま研究が行われています。マネジメント・コントロールには、組織文化など、経営学の領域も含んでいることから、両者は重なる部分があるものの、別の概念と考えることもできます。

②　管理会計の業績評価では、組織の業績を対象としている。

　解答：2　10点　1　5点

　【原則的な考え方】

　管理会計の基本的な概念である責任会計は、企業グループ、個々の企業、連結セグメント、企業を構成する内部組織を対象として、そこで用いられる業績

評価指標を定めています。

【例外的な考え方】

　セグメント会計は、最終的には個々の従業員の業績評価まで、測定の対象をブレイク・ダウンしていくことが可能です。成果主義などで、従業員の業績をどのように測定するかは、労務管理と管理会計で重複した研究分野です。

③　マネジメント・コントロールは、大学の授業の運営には適用できない。

解答：5　　10点

　この問題については、第10章で詳細に説明しています。

第6章についてのコメント

　本章では、近年、管理会計の分野で多くの研究が行われているマネジメント・コントロールの基礎概念を紹介しました。私自身は、管理会計とマネジメント・コントロールについて、重なる部分もあるものの、それぞれで独自の領域を持っているという、図表6－1の関係を考えていますが、多くの管理会計の研究が、現在では貨幣額とは関係のないテーマを扱っているのも事実です。マネジメント・コントロールについては、実際にどのように適用が可能なのかを示すために、本書の第7章と第10章で、自分の経験をケース・スタディとして取りあげています。

参考文献

Malmi, Teemu and David A. Brown, 2008, Management control systems as a package – Opportunities, challenges and research directions, *Management Accounting Research*, No.19.

Simons, Robert, 1995, *Levers of Control : How Managers Use Innovative Control Systems to Drive Strategic Renewal*, Harvard Business School Press.

R. N. アンソニー、高橋吉之助訳（1968）『経営管理システムの基礎』ダイヤモンド社

横田絵理（2018）「マネジメント・コントロールのフレームワーク再考―プロセスへの注目―」『三田商学研究』61巻1号

第7章 学会の全国大会開催のプロジェクト・マネジメント

《第7章のテーマ》

2018年8月下旬に、慶應義塾大学三田キャンパスで、日本管理会計学会の2018年度全国大会を開催しました。本章では、全国大会をプロジェクトと考え、どのようなプロジェクト・マネジメントが実施可能か、管理会計とマネジメント・コントロールの観点より考察してみたいと思います。

———————————— アカウンティング・クイズ ————————————

1 以下の文章について、もっとも当てはまる選択肢を、枠内の1～5から選んでください。

① 損益分岐点分析を行うためには、費用をy＝ax＋bの式で表す必要がある。

② 学会の全国大会開催はプロジェクトと考えることができるので、マネジメント・コントロールの手法はすべて適用することができる。

③ 労働に対しては、対価が支払われている。

```
1   ○
2   △（原則的には○だが例外がある）
3   △（○か×か意見が分かれて結論が出ていない）
4   △（原則的には×だが例外がある）
5   ×
```

2 学会の全国大会開催に関連して、適用可能なマネジメント手法を3つあげてください。

1

①		②		③	

2

Q1　学会の全国大会開催のマネジメントを、当事者が振り返る意味は何でしょうか。

　2018年の8月27日（月）から29日（水）にかけて、慶應義塾大学の三田キャンパスで、日本管理会計学会の2018年度全国大会を開催し、その準備委員長を務めました。この学会には700人以上の会員が在籍しており、全国大会は各大学が持ちまわりで開催しています。全国大会の大まかな日程は図表7−1のとおりですが、開催校にとっては負担が大きい一大イベントです。本章では、学会の全国大会をプロジェクトとして、管理会計の観点から検討することにします。

　研究者が企業等に赴き、プロジェクトに参加しつつ、効果や課題等を抽出する研究手法を**アクション・リサーチ**といいます。通常のケース研究では、研究者は企業で行われている活動を観察または聞き取るだけですが、アクション・リサーチでは、一部とはいえ、研究者が実際に活動に参加することで、より深い知見を得ることが期待できます。今回は、自らが主体となり行った、研究者自らの行動をケース報告する事案ですので、アクション・リサーチより突き詰めた検討ができるものと考えます。

【図表7-1】全国大会の日程

8月27日（月）	14：00〜18：30　常務理事会、理事会、各種委員会
8月28日（火）	9：30〜12：00　自由論題報告 12：50〜13：50　会員総会 14：00〜14：40　特別講演 14：50〜18：10　統一論題報告・討論 18：30〜19：50　会員懇親会
8月29日（水）	9：30〜12：00　自由論題報告 13：00〜14：15　スタディ・グループと産学共同研究グループの報告 14：30〜16：30　シェアードサービスのセッション

Q2 全国大会を開催するときに、どのようなマネジメント・コントロールの手法を適用できるのでしょうか。

　本書の第6章で紹介したMalmi and Brown（2008, p.291, Fig.1）のマネジメント・コントロールの体系は、以下のとおりでした。

---

① **文化的コントロール**（クラン：共通の目的を持つ集団、価値、シンボル）

② **計画**（長期計画、アクション・プラン）

③ **サイバネティック・コントロール**（予算、財務的測定システム、非財務的測定システム、ハイブリッド測定システム）

④ **報奨と報酬**

⑤ **管理的コントロール**（ガバナンス構造、組織構造、方針と手続）

　学会の全国大会開催をプロジェクトとして考えた場合、計画のうちのアクション・プラン、サイバネティック・コントロール、報奨と報酬（アルバイトの学生へのバイト料等）、管理的コントロールのうちの組織構造（学内の職員部門との連携）、方針と手続などが利用可能である一方、文化的コントロール、長期計画、ガバナンス構造は適用が難しい手法です。たとえば、慶應義塾大学で学会を開催することは、前年の3月に決まりましたので、長期計画とは結びつけることはできません。

　学会の運営にはアルバイトの学生の活躍も欠かせませんが、今回はゼミの学生（3、4年生）だけではなく、私が担当している少人数授業を受講している1、2年生や、大学院生から成る混成部隊であり、その意味で、クラン（共通の目的を持つ集団）によるコントロールが効きにくい状況でした。しかし、受付の学生が個々の参加者に挨拶をしたり、会員控室の学生が、冷やしたペットボトルだけではなく常温のペットボトルを用意するなど（冷たい水を飲みたくない人もいたようです）、こちらが指示した以上のことを自主的に行ってくれ、

大変助けられました。

Q3　全国大会の予算管理のポイントは何でしょうか。

　全国大会の開催で最も重要なコントロール手段は、サイバネティック・コントロールのうちの予算管理です。全国大会には学会から開催補助が出ますが、さまざまな経費がかかるために、当然、その金額だけでは足りず、参加費を徴収します。赤字の場合には開催責任者が負担することになりますので、より多くの利益をあげることではなく、赤字にならないこと、つまり、**損益分岐点**を財務的な目標としました。

　テキストでは、費用を変動費と固定費に分けてy＝ax＋bという費用線を設定し、それと売上高線の交点が損益分岐点になると説明しています。しかし、今回は、費用の金額を個々に見積もって合計し、1人当たりの参加費で割って損益分岐点参加者数を計算するという、至ってシンプルな見積りですませています。ただし、個人で負担する許容範囲を超えた赤字は避けたいことから、費目ごとに予想される最大値も合わせて見積もる、多桁型変動予算的な見積りを行い、両者での損益分岐点を計算しました。

　懇親会費については別途設定しており、本来は別予算になりますが、申込者数ぴったりで食事等を準備すると、量が足りずに時間を持て余し、参加者が不満に思うことが往々にしてあります。そのため、今回は申込者以上の人数を会場に伝え、超過分の金額を上記の**CVP分析**の費用の中に含めて分析をしました。

　参加費については、事前振込みと当日受付で1,000円差をつけています。管理会計の観点からは、ホテルや航空会社などが行うイールド・マネジメントを連想できますが、全国大会運営の会計的な目的は損益分岐点の確保ですので、この価格差を設定する目的は、事前振込みによる予算達成の早期化により、主催者の心労を少なくすることにあります。また、会員控室用のペットボトルや、参加者に配付する報告資料、おみやげの慶應ロゴ入りのボールペンなどについ

ては必要量の予測を行いますで、それらの準備の都合もあります。

Q4　全国大会開催では、どのような非財務的指標を使うことができるのでしょうか。

　今回の全国大会のコンセプトは、エンターテインメント性ではなく、知的好奇心という意味で、「参加者が最後まで楽しめる学会」にしました。最終日の最後の報告の聴衆がまばらという学会も多くありますが、それを避けるために、参加者の期待度や満足度を高めることを考えました。2日目と3日目の参加者数を非財務的な目標値として設定し、結果として、28日の統一論題報告・討論（テーマは「企業グループの管理会計」）、29日のシェアードサービスのセッションともに、100人前後の聴衆に参加していただくことができました[1]。

　会場の移動があると、そのタイミングで帰宅する人も出てくるために、28日の午後の会員総会、特別講演、統一論題報告・討論はすべて同じ教室で実施しました。29日のシェアードサービスのセッションは、一般社団法人企業研究会の協力（賛助金）を得て実施し、企業研究会のシェアードサービス研究交流会議のメンバーに聴講を無料で認めることで、20人程度の追加的聴衆も確保するなど、細かい工夫も積み重ねました。

Q5　全国大会の開催では、どのような業務改善を実施したのでしょうか。

　管理会計では、指標を設定して測定するだけではなく、業務改善も重要なテーマです。ここまでに述べていない事項で、今回の全国大会で実施した改善として、以下の2点をあげておきます。

① 　司会者とアルバイトの学生には、昼食としてお弁当が配られるのが慣例です。しかし、夏季での実施であり、保管が長くなると食中毒の心配があるこ

1　これは私が個人的に目標とした指標であり、達成したからといって学会内での評価が高くなるわけではありません。この点が企業の目標管理とは異なります。

とから、学内の教員用レストランと提携して、食券を渡し、そこでランチを食べてもらうことにしました。このことで、受け取りに来ない人や余裕をみて注文をした分のお弁当を廃棄する無駄も防ぐことができ、環境にも貢献しました[2]。レストラン側では閑散期に多くの客を集めることができ、両者でウィン・ウィンの関係を築くことができたと思います。

②　懇親会には希望者だけが別途会費を払って参加しますが、懇親会の受付でリスト方式によりチェックすると、入場に時間がかかるという欠点があります。名札に小さいカラーシールを貼り見分ける方法もありますが、シールが小さすぎて牽制効果しかないという欠点がありました。今回は、全国大会の参加者に配る名札の裏にピンクの名札をもう一枚入れ、懇親会参加時に名札を裏返してもらうことにし、入場時の確認作業の簡易化と確実なチェックを同時に可能にしました。

Q6　学会の全国大会開催での反省点は何でしたか。

　本章では、学会の全国大会の開催をプロジェクトとしてとらえ、管理会計の観点からそのマネジメントを検討しました。準備委員会は組織しますが、当日の作業以前に行う準備は、ごく少数のコアメンバーで行うため、効率的・効果的な運営が欠かせませんが、その意味での反省点も多くあります。たとえば、今回は学生にアルバイトを頼みましたが、何時から何時まで、誰がどのような仕事をするのかといった、スケジュール管理がうまくいきませんでした。また、夏休み中の開催ということもあり、学生を事前に集めた打ち合わせができなかったので、当日の朝に作業の指示を大雑把にすることになりました。それでも、普段のゼミで仕事の仕方についてのトレーニングができていたこと（第10章を参照してください）、学生諸君の自発的な対応力が優れていたこと、実行委員会の先生方が当日的確な指示を学生に与えてくれたことなどにより、全国大会

2　結果的に、食券の歩留は80.8%であり、19.2%分のお弁当（15個）の無駄を防ぐことができたことになります。

自体は大過なく運営することができましたが、個人的には反省点ととらえており、ゼミの学生にはその後にアンケートをとり、改善点を指摘してもらいました。

　年間を通じれば、慶應義塾大学内でさまざまな学会が開かれていますが、学内でノウハウが共有化されていないのも、私の研究テーマであるシェアードサービスの観点から指摘できる事項です。学会の開催では事務部門との協力が不可欠ですが、学会開催支援部門などの統一した窓口を作らないまでも、学会開催マニュアルを作成するなどの工夫の仕方があるのではないかと思います。

　なお、開催を手伝ってくれた学生にはアルバイト料を支払い、昼食代と交通費も出しています。私が学生のころは先生の仕事のお手伝いも勉強のうちで、無料で手伝うのが当たり前という風潮がありましたが、今それをするとアカハラ（アカデミック・ハラスメント）になってしまいます。一方、統括する人たちは給料をもらい仕事としていながらも、ボランティアの名のもとに無料で学生を働かせる学外の活動もあるようです。さらに、PTAで父母が学校のために無料で奉仕するのも当たり前のように考えられていますが、サービスに対価を設定する**シェアードサービス**の観点からは、これらについても見直す必要があるように感じています。

解答と解説

① 損益分岐点分析を行うためには、費用をy＝ax＋bの式で表す必要がある。
　解答：2　10点　1　5点
　【原則的な考え方】
　　一般的に、$y = ax + b$の式で表される費用線と、$y = x$（xは売上高）または$y = px$（この場合、pは価格で、xは販売量）の式で表される売上高線の交点を求めることで、損益分岐点を計算します。たとえば、xを売上高とした場合は、損益分岐点売上高は$y = \dfrac{b}{1 - a}$で求めることができます。

【例外的な考え方】

　イベントなどのプロジェクトの収支予算の作成では、費用線ではなく、支出する項目を積み上げて、固定費はその金額で、変動費は費目ごとの変動要素を反映して損益分岐点を計算する方が一般的ではないでしょうか。すべての変動費が売上高または販売量に比例的に発生するわけではないので、この場合には、y＝ax＋bという直線を想定しているわけではないことになります。

② 　学会の全国大会開催はプロジェクトと考えることができるので、マネジメント・コントロールの手法はすべて適用することができる。

　解答：5　10点

　本文中にも書きましたが、マネジメント・コントロールに属する手法のうち、文化的コントロール、長期計画、ガバナンス構造は、私が実施した学会の全国大会では、適用しませんでした。ただし、開催組織が違えば、ここで書いた手法も適用できるかもしれませんし、逆に私が利用した手法が使えないこともあると思います。マネジメント・コントロールの実行レベルでは、効果的な手法をどう選択するか、どのように運用すれば効果を発揮するのかについて悩むことになります。

③ 　労働に対しては、対価が支払われている。

　解答：2　10点　1　5点

　【原則的な考え方】

　労働に対価が支払われるべきことに、異論はないと思います。

　【例外的な考え方】

　現実的には、PTAを始めとして、対価が支払われないことが当たり前とされている労働もあります。ボランティアやインターンシップの名のもとに、学生を無償の労働力とみなす風潮もありますが、基本的には対価は支払われるべきであると思います。家庭内の家事、育児、介護などには対価が支払われていませんが、だからといって、価値が劣るわけではないことは強調しておきます。

　　学会の全国大会の開催に、マネジメント・コントロールがどう適用できるの
かを考察した章です。企業にヒアリングをして、ケースの記述をすることはあ
りますが、学者が自分の経験に基づいて、マネジメントの実際を記述すること
はまずありません。そういった意味で、自分の反省も含めて振り返る機会があ
ったのはよかったと思います。このようなプロジェクトは、企業でも、新商品
の発売イベントや各種セミナー、就職説明会など、よく行われています。読者
の皆さんが企画したプロジェクトのマネジメントと類似した点は何で、違う点
は何だったでしょうか。

参考文献

Malmi, Teemu and David A. Brown, 2008, Management control systems as a
　　package – Opportunities, challenges and research directions, *Management
　　Accounting Research*, No.19.

第8章 意外と難しい組織の業績評価

《第8章のテーマ》

　企業グループでは、さまざまなセグメントで会計的な業績の評価をしています。管理会計では、組織の業績を評価するために、コストセンターやプロフィットセンターとして組織を位置づけますが、現実的には、例外的な位置づけ方も多くされています。今回は、組織の業績評価に関する基本的な考えを説明した後に、なぜ、例外的な評価方法が許容されているのかを考えてみたいと思います。

─────── **アカウンティング・クイズ** ───────

1　以下の文章について、もっとも当てはまる選択肢を、枠内の1～5から選んでください。

①　工場と本社部門はコストセンターなので、会計的な管理の対象は同じである。

②　責任センターは、その組織の長の責任に対応する会計的な指標で決められている。

③　独立した会社は、コストセンターではない。

1	○
2	△（原則的には○だが例外がある）
3	△（○か×か意見が分かれて結論が出ていない）
4	△（原則的には×だが例外がある）
5	×

2　あなたの所属している（または知っている）組織が取り入れている、例外的な責任センターを1つあげてください。

1

①	②	③

2

Q1 4つの責任センターについて、業績評価指標との関係で説明してください。

　企業グループでは、企業グループ全体（連結）、親会社、グループ企業、事業部、連結事業セグメントなど、さまざまな組織の**業績評価**をしています。管理会計の観点からは、業績の評価方法によって、組織は以下の4種類のセンターに分類されます。これらの4つのセンターは、その組織の責任者が会計的にコントロール可能な範囲を責任と考え、その指標で業績を測定するために、**責任センター**と総称されています。

---

① コストで業績を測定するコストセンター

② 収益で業績を測定するレベニューセンター

③ 利益で業績を測定するプロフィットセンター

④ 資本と利益の関係で業績を測定するインベストメントセンター

　たとえば、工場ではコストだけが発生するので、**コストセンター**としてコストで業績を測定します。そのため、原価計算を中心とした原価管理が発達していることは周知の事実です。なお、経理部門や人事部門などの本社部門もコストセンターですが、コストが意味する会計的な対象は工場とは異なります。本社部門でのコストは純粋に費用を意味するのに対して、工場で発生するコストは製品の製造原価を意味しており、そこでの管理対象は、製品という資産の取得原価としてのコストです。したがって、単に原価の発生水準を管理するだけではなく、在庫の管理までを責任の範囲に含んでいると考えるべきです。

　営業部門は、収益で業績を評価する**レベニューセンター**として位置づけられています。もちろん、営業部門でもコストは発生しますが、売上原価は販売した製品または商品の取得原価ですので、製造業では工場が責任を持ち、小売業では仕入担当の部門が責任を持つことになります。このように、コストセンタ

ーとレベニューセンターの2つは、**職能別組織**（機能別組織）を前提とした責任センターであることがわかります。なお、小売業等で営業部門が仕入も担当しているのであれば、レベニューセンターではなくプロフィットセンターとして位置づけるのが適当です。

　収益と費用が発生して利益を計算できる組織で、組織の責任者に**投資決定権限**がない場合は、**プロフィットセンター**とされます。日本では事業部をプロフィットセンターとしているケースが多くあり、利益額や売上高利益率で業績を測定します。

　一方、そのような組織の責任者に投資決定権限がある場合は、投資額と利益のバランスで業績を測定する**インベストメントセンター**になります。インベストメントセンターの業績評価指標は、投資利益率や残余利益（営業利益―資本コスト）などです。インベストメントセンターには、多角化している企業の社内カンパニーだけではなく、独立した企業や企業グループ全体も該当します。なお、名目は社内カンパニーでも、カンパニー長に実質的な投資決定権限がなければ、理論的にはプロフィットセンターとすべきです。

Q2　業績評価指標の選択について、どのような責任センターの例外があるのでしょうか。

　ここまでは、責任センターに関して、テキストに書かれている原則を説明してきましたが、実際には、多くの例外が存在しています。たとえば、本来コストセンターである工場をプロフィットセンターとしたり、事業部長に投資決定権限がなくてもインベストメントセンターとしたりすることがあります。これらの実務は、なぜ行われるのでしょうか。

　責任センター決定の原則である、与えられた権限に対応する責任は、逆にいえば、権限がない事項に対しては責任を取らせないということを意味します。たとえば、事業部長に投資決定権限がない（小さい）場合は、事業部は利益で

業績を測定するプロフィットセンターとし、資本利益率等は業績評価指標としては用いないのが原則です。

　しかし、このような原則とは異なり、経営者または組織の管理指標を決定する人たちが意識している業績評価指標が用いられることも多くあります。たとえば、投資利益率が流行して同業他社が指標として取り入れると、事業部に投資決定権限がなくても、投資利益率を事業部の指標とすることもあります。昔の商社などのように、売上高の大きさが重要視された業界では、事業部の業績は利益よりも売上高重視で評価されていたかもしれません。このような例外をまとめると、図表8-1のようになります。

【図表8-1】責任センターの例外

	原 則	例 外	手　　法
1	C C	P C	内部振替価格を用いて擬似的な売上を計上
2	R C	P C	1．内部振替価格を用いて擬似的な仕入を計上 2．小売業で営業部門が仕入も担当
3	P C	R C	売上の拡大を目指している事業での指標の選択
4	P C	I C	投資利益率等を恣意的に指標として採用

＊CC：コストセンター、RC：レベニューセンター、PC：プロフィットセンター、IC：インベストメントセンター

Q3　製造部門のプロフィットセンター化について説明してください。

①　工場全体のプロフィットセンター化

　ある事業部が製造した製品を、同じ社内の別の事業部が販売しているとき、それぞれの事業部の努力の成果を測定するために、**内部振替価格**を用いて事業部間の疑似的な販売取引とします。同じように、工場が製造した製品を、同じ社内に属する営業部門が販売するときに、内部振替価格を用いて疑似的な取引関係を想定し、工場に収益を計上することで、工場などのコストセンターをプロフィットセンターとすることができます。

　図表8-2では、工場は営業部門に300千円の内部振替価格で製品を販売すると仮定しています。この製品の製造原価は200千円ですので、工場の利益は100千円と計算されます。一方、営業部門が外部の取引先に500千円でこの製品を販売したとすると、営業部門の利益は200千円と計算されます。理論的には工場はコストセンターであり、営業部門はレベニューセンターですが、この例では工場だけではなく、営業部門もプロフィットセンターとして管理していることになります。

【図表8-2】工場と営業部門の間の内部振替価格

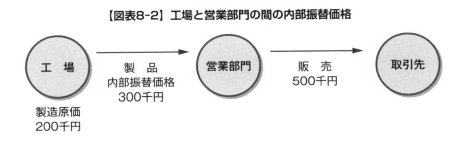

②　ミニプロフィットセンター

　コストセンターのプロフィットセンター化は、工場全体だけではなく、工場内の工程レベルで行われることもあります。たとえば、第1工程で製造した仕掛品を第2工程で加工する場合、第2工程が第1工程より仕掛品を購入すると考えます。このような工程レベルでのプロフィットセンターを、**ミニプロフィットセンター**といいます。図表8-3では、第1工程は製造原価100千円の仕掛品を第2工程に150千円で販売したと仮定し、第1工程の利益を50千円と計算しています。

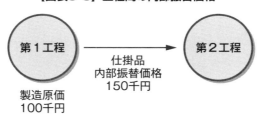

【図表8-3】工程間の内部振替価格

第1工程 → 第2工程

仕掛品
内部振替価格
150千円

製造原価
100千円

Q4　本社部門について、どのような責任センターの例外を考えることができるでしょうか。

①　本社部門のプロフィットセンター化

　経理部門や人事部門などの本社部門が、事業部関係の業務を実施したときに内部振替価格を設定することで、本来、コストセンターである本社部門についても、プロフィットセンターとして管理することができます。これは情報処理部門で最初に導入された手法ですが、この場合の内部振替価格を**課金**（チャージ）といい、手法自体は**チャージバック・システム**と呼びます。情報処理部門以外の部門では、過去に大阪ガスやシャープで導入されています（園田、2006、第7章）。

②　グループ経営の視点での責任センター

　グループ経営の視点から責任センターを考察すると、また違った事象を指摘することができます。同じグループ会社でも、単体の視点でみるか、連結の視点でみるかによって、責任センターの位置づけが変わる場合があるためです。**シェアードサービス会社**が、グループ会社だけから経理や人事業務を請け負っている場合（つまり、グループ外の企業から業務を請け負っていない場合）を考えてみましょう。同じ企業グループに属するとはいえ、他社に提供するサー

ビスには価格が設定されます。シェアードサービス会社は、大きな投資はあまりしませんので、単体ではプロフィットセンターに位置づけられます。

　しかし、連結の視点でみると、シェアードサービス会社の売上は、グループ会社が支払う支払手数料と相殺されます。したがって、シェアードサービス会社は、連結会計上は収益に影響を与えないコストセンターに位置づけられます。このように、シェアードサービス会社は、単体と連結で責任会計上の位置づけが異なるという大きな特徴があります。一方、連結上の位置づけに合わせるために、価格をコスト回収的に設定して、単体でもコストセンターとしているシェアードサービス会社も多く存在します。

解答と解説

① 　工場と本社部門はコストセンターなので、会計的な管理の対象は同じである。

　解答： 2　10点　　1　5点

　【原則的な考え方】

　　原価計算の発展とともに工場では精緻な原価管理が導入されていますが、本社部門の管理がまともに考えられ始めたのは、日本ではここ20年ほどです。したがって、現実的には工場の方がはるかに管理レベルは高く、本社部門では採用されていないさまざまな手法が用いられているのですが、両者ともにコストセンターですので、会計的な管理の対象はコストで同じです。

　【例外的な考え方】

　　同じコストでも、工場のコストは製品の製造原価であり、本社部門のコストは一般管理費という費用です。したがって、工場の管理対象は、製造原価の発生水準だけではなく、在庫という資産の管理までを含んでいると考えるべきであり、本社部門より対象が広くなっています。一般管理費が原価かつ費用であることは、第13章を参照してください。

② 責任センターは、その組織の長の責任に対応する会計的な指標で決められている。

解答：2　10点　1　5点

【原則的な考え方】

　目標とする売上高、制約としての費用の上限、投下資本の金額のうちのいずれかを組織長が意思決定できる場合、その達成を責任と考えます。これらの金額は予算として設定されますので、期末には予算と実績の差として認識され、目標を達成しているか否かで業績が測定されます。

【例外的な考え方】

　現実的には、事業部の業績を投資利益率で測定するなど、組織の長の責任と業績評価指標の組合せがずれているケースが多々あります。一昔前では、企業の評価指標を売上高伸び率や売上高利益率としている日本企業も多くありました。今でも、単純に営業利益や当期純利益で、企業全体の業績を評価している中小企業は多いのではないでしょうか。

③ 独立した会社は、コストセンターではない。

解答：2　10点　1　5点

【原則的な考え方】

　独立した企業は、事業を行っている場合にはインベストメントセンターで、そうではない機能会社はプロフィットセンターになります。機能会社とは、グループ会社にサービスを提供している会社のことで、シェアードサービス会社、物流会社、情報処理会社などがあります。かつては保険や旅行の代理店的な機能のグループ会社を持つ企業グループもよくありました。

【例外的な考え方】

　シェアードサービス会社など、グループ会社にだけサービスを提供する機能会社は、売上高とグループ会社が支払う費用が、連結会計上は相殺されますので、価格をどのように設定しても、連結上の業績には影響を与えず、連結上はコストセンターとして位置づけられます。そのため、価格をコスト回収的に設定して、単体でもコストセンターとして運営しているシェアードサービス会社も多く存

在します。

第8章についてのコメント

　責任センターによる業績評価は、管理会計のもっとも基本的な概念です。しかし、管理会計のテキストで書かれているのは、あくまで原則的な内容であり、企業では各社の環境に応じてカスタマイズした、例外的な責任センターを設定することがよくあります。

　シェアードサービスを研究するようになり、グループ・マネジメントに視野を広げると、責任センターについては、様々な例外があることに気がつきました。たとえば、単体と連結で、同じシェアードサービス会社の責任会計上の位置づけが異なることは、その最たる例です。多くの管理会計は、企業内での適用を前提として理論化されていますので、企業グループという観点から見直すと、新しい知見が生まれる可能性があります。

　また、責任センターは、会計上の業績評価指標と組み合わせた概念であり、非財務的指標は考慮していません。非財務的指標は、業務や活動を管理するのに適していることは指摘されていますが、組織の評価での利用はほとんど検討されておらず、課題として残されています。

参考文献

園田智昭（2006）『シェアードサービスの管理会計』中央経済社

第9章 Q&Aシェアードサービス その2

《第9章のテーマ》

　本章では、第1巻第15章の「Q&Aシェアードサービス」の続編として、シェアードサービスに関して、実務家から聞かれることが多い事項を、Q&A方式で説明しています。本章では、シェアードサービスを、企業グループ内で分散して行われている間接業務を集約するマネジメント手法と定義します。また、シェアードサービスを実施する組織を、シェアードサービスセンター（SSC：Shared Services Center）といい、本文中ではSSCと表記しています。

---------------------- アカウンティング・クイズ ----------------------

1 以下の文章について、もっとも当てはまる選択肢を、枠内の1～5から選んでください。

① シェアードサービス会社は、単体ではプロフィットセンターでも、連結ではコストセンターとして位置づけられる。

② シェアードサービス会社は、顧客満足度を高めるべきである。

③ シェアードサービスは、企業グループ内の間接業務の集約化を意味し、企業グループを越えて行われるわけではない。

1	○
2	△（原則的には○だが例外がある）
3	△（○か×か意見が分かれて結論が出ていない）
4	△（原則的には×だが例外がある）
5	×

2 SSCに業務を集約した後に、費用が削減される理由を2つあげてください。

1

①	②	③

2

Q1 シェアードサービス会社は、グループ会社にサービスを提供し、その対価を受け取っているので、プロフィットセンターとして位置づけてよいのでしょうか。

シェアードサービス会社は、グループ会社に経理や給与計算といったサービスを提供し、その対価を受け取っていますので、収益と費用が発生するプロフィットセンターとして位置づけることができます。しかし、同じプロフィットセンターである事業部とは異なり、シェアードサービス会社が利益を増やす行為は、グループ会社からは望まれていません。

シェアードサービス会社の位置づけを、単体ではなく、企業グループ全体の観点から考えてみると、この理由がわかります。図表9-1では、シェアードサービス会社は、グループ会社から100万円の手数料を受け取っていますが、同じ金額がグループ会社で費用に計上されています。この取引は企業グループ内部の取引なので、連結会計上は相殺消去されますが、このことは、シェアードサービス会社が連結上の収益には影響を与えないことを意味しています。一方、シェアードサービス会社で発生する費用は、単体時と同じ金額が連結上も計上されます。結果として、シェアードサービス会社は、連結上はコストだけが発生するコストセンターとして位置づけられます。

【図表9-1】連結会計による内部取引の消去

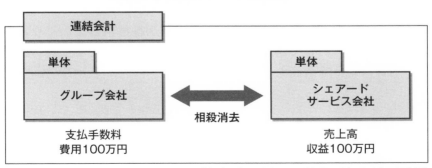

（出所：園田、2017、129頁の図表11-4を一部修正）

つまり、シェアードサービス会社それ自身の視点ではプロフィットセンターであったとしても、グループ会社はグループマネジメント（連結）の視点から、シェアードサービス会社をコストセンターとして見ていることになります。このような、単体と連結での責任センターの不一致が、シェアードサービス会社の特徴であり、組織としてのマネジメントを難しくさせる原因になっています。たとえば、シェアードサービス会社が利益を計上すると、グループ会社からは、価格の引下げを要求されることが多くあります。これは、グループ会社がシェアードサービス会社を、利益を獲得する必要がないコストセンターとして認識していることを意味しています。価格の引下げは、グループ会社が支払う費用の削減を意味しますので、その分、努力をせずに利益が増え、シェアードサービス会社の努力の成果が、グループ会社に移転することになります。

シェアードサービスの研究を開始してからしばらくして、シェアードサービス会社をプロフィットセンターという人と、コストセンターという人の両方がいることに気がつきました。その理由を考えた結果、単体と連結での位置づけの違いに気がついたのですが、それまで、責任センターについてこのような違いは認識されていませんでした。同様な発見事項として、コストセンター的なシェアードサービス会社の存在があります。価格をコスト回収的に設定することで、単体としてもシェアードサービス会社はコストセンターに位置づけられ、会計的には単体と連結の不一致を回避することができます。

Q2 シェアードサービス会社は、サービスを提供しているグループ会社に対して満足度調査を実施し、顧客満足度を高めるべきでしょうか。

シェアードサービス会社では、グループ会社に提供するサービスに対価を設定します。このことは、グループ会社は顧客であることを意味し、グループ会社に対して顧客満足度調査を実施することもあるようです。ホテルなどで行わ

れる顧客満足度調査では、5点スケール等で回答してもらう形式が一般的であり、点数が低い項目は改善の候補とされる場合があります[1]。

　よくあるグループ会社の不満は、シェアードサービス会社のサービスが標準化されており、自社向けにカスタマイズされた対応をしないということです。シェアードサービス会社の社長が顧客満足度の点数にこだわると、標準化をやめて、グループ会社の要望に個別対応をせよという指示が下されることもあるようですが、原則的には、この対応は間違っています。SSC（Shared Services Center）のミッションは、業務の標準化のプロセスで業務を見直し、コストを下げるとともに業務品質を高めることであり、また、多数のグループ会社の業務を集約するのであれば、業務の標準化をしないと逆に非効率的になります。

　自社のターゲットとする顧客に対しては満足度を高めるべきですが、ターゲットではない顧客の満足度は、それほど気にすることはないという考えもあります。シェアードサービス会社は、顧客を自主的に選択できないので、このような方針をとることができないのも、この問題の解決を難しくしている要因の1つですが、グループ会社ごとのカスタマイズ処理を安易に選択するのではなく、グループ会社にシェアードサービス会社のミッションや、価格および品質に対する標準化の効果を説明して、理解を求める方が望ましい対応です。

　グループ会社だけではなく、親会社の経営層にも、シェアードサービス会社の役割やミッションについて、あまり理解されていないのが現状です。シェアードサービス会社の経営層には、自社内のマネジメントだけではなく、グループ会社に自社の役割・ミッション・効果などを説明し、理解を求める努力が求められています。このような説明の努力を、シェアードサービス会社の**レピュテーション・マネジメント**といいます。なお、やむを得ずカスタマイズ処理するのであれば、その分は価格に反映すべきでしょう。

1　多くのホテルでは、宿泊客の満足度に関するアンケートを客室においています。しかし、宿泊サイトの口コミ欄を読むと、同じような苦情が書かれているホテルが少なくありません。このようなホテルなどの対応をみていると、満足度調査は、必ずしも改善活動につながっていないのではないかと思い、「改善の候補とされるのが一般的です」とはせずに「場合があります」としました。

Q3 シェアードサービスセンター（SSC）に業務を集約すると、なぜ費用が削減されるのでしょうか。

　SSCに業務を集約すると、費用が削減するといわれていますが、総費用の削減と単位当たり費用の低下の2つに分けて考察する必要があります。総費用の削減については、集約しただけで削減可能な費用と、集約後の業務改善によって削減可能な費用の両者に分けることができます。

　経理の拠点ごとにコピー機をおいていても、コピー機のキャパシティを100％使っているわけではありません。仮に、使用しているキャパシティの割合を30％とすると、単純には1台のコピー機で3拠点分の業務を実施可能であり、SSCに業務を集約すれば、2台分のコピー機のリース契約を解約することができます。このように、各拠点に少しずつキャパシティが余っている場合、それらを集約することで、余剰キャパシティの削減が可能になります。

　集約後の業務改善によっても、費用は削減されます。業務の見直しによって無駄な業務を廃止する、効率的な業務プロセスに変更する、経理や人事システムをグループ内で統一する、個社別の担当から業務別の担当にする、このような改善活動によって、費用を引き下げることができます。また、グループ内で同じ仕事をする人が集まることで、個々の知識が高いレベルで平準化すると、費用を下げ業務品質を上げるだけではなく、SSC従業員のモチベーションにもつながります。

　業務を集約してコストを削減する結果、必然的に単位当たり費用も低下します。シェアードサービスの集約化による効果は、どちらかというと固定費の削減に関連していますが、同じ固定費の水準であったとしても、集約化を進めて業務量を増やすことで、単位当たり費用は低下します。単位当たり費用の低下は、提供するサービスの価格引き下げにつながり、品質が高い業務を低価格で提供されることで、グループ会社の満足度が向上します。なお、安易な給与引下げを行うべきでないことは、第1巻の第15章で述べたとおりです。

Ｑ４　シェアードサービスは企業グループ内だけで行われる手法でしょうか。複数の企業グループで、シェアードサービスを実施することは可能でしょうか。

　企業グループが異なる数社が業務を集中する形態のシェアードサービスは、あまり例が多くありませんが、三井住友信託銀行、パナソニック、三菱商事、花王の４社は、エイチアールワンという共同のシェアードサービス会社で給与計算を実施しています。また、食品会社の人事系のシェアードサービス会社を主要メンバーとする、食品業界シェアードサービス連絡会では、給与計算実務の研修を共同で行っています。

　2018年12月12日に、有限責任監査法人トーマツ、有限責任あずさ監査法人、EY新日本有限責任監査法人、PwCあらた有限責任監査法人の４つの監査法人が共同出資して、会計監査確認センター合同会社を設立したことがプレスリリースされました[2]。残高確認システムの共同プラットフォームを構築することで、ウェブ上で残高確認に関連した監査手続が実施可能になるとのことですが、この会社もシェアードサービスの一種として考えることができます。

　この形態のシェアードサービスの例はまだ少ないのですが、人手不足が深刻化しているため、今後、導入事例が増えるのではないかと考えています。

解答と解説

① シェアードサービス会社は、単体ではプロフィットセンターでも、連結ではコストセンターとして位置づけられる。

解答：2　10点　1　5点

【原則的な考え方】

　大部分のシェアードサービス会社は、グループ会社にだけサービスを提供しています。この場合、シェアードサービス会社の損益計算書では利益が計算されるので、単体ではプロフィットセンターになります。しかし、シェアードサ

2　確認したのは、有限責任監査法人トーマツの2018年12月12日付けの「News Release」です。

ービス会社の収益とグループ会社の費用は、連結会計上は相殺されるため、シェアードサービス会社が連結財務諸表に与える影響はコストだけであり、連結上はコストセンターになります。

【例外的な考え方】

　ごく少数のシェアードサービス会社では、グループ企業に加えて、グループ外部の企業にもサービスを提供する、いわゆる外販を実施しています。外販による収益は、連結上も相殺消去されないので、このようなシェアードサービス会社は、連結でもプロフィットセンターに位置づけられます。また、価格をコスト回収的に設定することで、単体でもコストセンターに位置づけられるシェアードサービス会社も多くあります。

②　シェアードサービス会社は、**顧客満足度を高めるべきである。**

　解答：2　10点　1　5点

【原則的な考え方】

　シェアードサービス会社は、グループ会社にサービスを提供していますので、基本的にはグループ会社の満足度を高めるべきです。実際に、多くのシェアードサービス会社で、顧客満足度調査を行っています。

【例外的な考え方】

　グループ会社の不満の原因が標準的な処理の場合、シェアードサービス会社の社長の指示で、満足度を高めるためにカスタマイズ処理が行われることがありますが、基本的にはこれは間違った対応です。SSCのミッションは、グループ内の業務を標準化することでコストを下げ、業務品質を上げることです。カスタマイズ処理を行うのであれば、シェアードサービス会社に業務を集中するのではなく、拠点ごとの分散処理を行うべきでしょう。

③　シェアードサービスは、企業グループ内の間接業務の集約化を意味し、企業グループを越えて行われるわけではない。

　解答：2　10点　1　5点

【原則的な考え方】

　シェアードサービスは、企業グループの中で、経理や人事などの間接業務を集約するマネジメント手法です。集約の範囲は、原則的には企業グループです。

【例外的な考え方】

　極めて例が少ないのですが、企業グループを越えて、複数の企業グループでシェアードサービスを実施する場合があります。また、本問の解答にはなりませんが、親会社内だけで業務を集約する場合もあります。

　一方、海外子会社は日本のシェアードサービスの対象とはせず、それぞれの地域ごとに統括会社を作り管理する方式がとられることがあります。さらに、国内のグループ会社のすべてがSSCに業務を委託するケースも、ほとんどありません。個人的な感覚ですが、5割から6割の国内子会社が集約できていれば、シェアードサービスがグループ内に浸透していると考えていいと思います。

第9章についてのコメント

　第1巻の第15章の「Q&Aシェアードサービス」の続編の回です。シェアードサービスのマネジメントを難しくしているのは、企業グループ内で役割や効果が理解されていないことが大きな理由です。本社がSSCをバックアップして、グループ内の導入を進めていくのが望ましい形ですが、本社の経営層自体が、SSCを設立すれば、コストを下げるために給料を下げていいと誤解しているケースもあります。20年前のシェアードサービス黎明期のイメージで、現在のシェアードサービスを批判する人もいますが、現在のSSCは、定型的な業務を単に集約した組織から、戦略支援業務まで担当する組織に大きく変貌しつつあります。

参考文献

園田智昭（2006）『シェアードサービスの管理会計』中央経済社

園田智昭（2017）『プラクティカル管理会計』中央経済社

第10章 小さな組織のマネジメント・コントロール

《第10章のテーマ》

　　管理会計は、大企業だけではなく、中小企業やミニプロフィットセンターなどの小規模組織も検討の対象にしています。大企業についても、その構成を考えてみれば、課や係などの小さな組織の集合体であることがわかります。本章では、大学の授業を対象に、小さな組織のマネジメント・コントロールについて考えてみたいと思います。

────────── アカウンティング・クイズ ──────────

1　以下の文章について、もっとも当てはまる選択肢を、枠内の1〜5から選んでください。

①　大学のゼミは、どの大学でもほとんど同じ方式で運用されている。

②　大学のゼミと企業の社内組織に、類似点はほとんどない。

③　ゼミの運営には、会計上のガバナンスを適用することはできない。

```
1  ○
2  △（原則的には○だが例外がある）
3  △（○か×か意見が分かれて結論が出ていない）
4  △（原則的には×だが例外がある）
5  ×
```

2　大学のゼミに近い性質を持つ組織を3つあげてください。

1

①		②		③	

2

Q1　なぜ大企業でも小さな組織のマネジメントが必要なのでしょうか。また、ゼミのマネジメントから、何か得ることはあるのでしょうか。

　企業に勤務している人から組織の運営の悩みを聞くと、部下のモチベーションや組織としての一体感など、私が大学で受け持っている**ゼミ**も同じ課題を持っていると感じることがよくあります。しかし、そのときにゼミの話をしても、よい反応が返ってくることは極めてまれです。その理由を考えてみると、以下のような項目をあげることができると思います。

---

　①　大学の授業と企業の組織は別物であり、類似性はないと考えている。

　②　企業のマネジメントは優れているので、大学の授業の一環であるゼミの運営方法から学ぶことはないと考えている。

　③　学生は指導教授より弱い立場なので、言うことをきかせることができるから、ゼミのマネジメントは楽だと思っている。

　④　学生時代に所属したゼミは、通常の授業とほぼ同じ形式で、マネジメントが介在する余地はなかった。

　企業や企業グループを全体でみると、何千人、何万人の規模になりますが、実際に、個々のマネージャー層が管理する組織の大きさは、課やチームなどの小さな組織です。個々の管理者が直接的に責任を持つ人数は限られているため、小規模組織のマネジメントは、実は、一般的な課題です。たとえば、社長は企業全体に責任を持ちますが、取締役や執行役員等に権限を委譲し、彼らを統制することで企業を運営しています[1]。ゼミという組織を管理会計の観点から考えると、コストセンターに位置づけられますので、同じコストセンターである本社部門とは性質が近く、そのマネジメントについては親和性が高いものがあります。

　1　このように、1人の人間が管理できる範囲（人数）のことを、span of controlといいます。

大学と小中学校の違いはありますが、一時、学級崩壊が問題になったように、学校のクラスの運営は、現実的にはそれほど楽ではありません[2]。企業で仕事の評価が低い社員は、給与・昇進・配置などで優秀な社員と差をつけることで、従業員を動機づけることができますが、単位の取得だけを学生が考える場合、ゼミで学生をどう動機づけるか、多くの先生が悩んでいることと思います。それ以外にも、20人以下の小規模会社、税理士事務所、PTA組織、町内会、社会人勉強会など、さまざまな小規模組織が存在しており、それぞれが特徴を持つとともに類似性を持っています。今回は私が担当している大学の小規模授業を対象として、小さな組織のマネジメント・コントロールについて検討することにします。

Q2　ゼミとはどのような組織なのでしょうか。

　ゼミはゼミナール（ドイツ語：Seminar）の略語であり、英語名ではセミナー（seminar）に相当します。教員の専門分野を集中的に勉強する少人数制の授業ですが、同じ分野でも、教員の指導方針により、ゼミでの学習内容や運営方針が異なります。たとえば、1学年の受講生も、ゼミによって5人程度から20人以上とバラツキがあります。

　私のゼミでは、このほかに、以下のような特徴を持っています。慶應義塾大学の商学部のゼミでは、概ね同じような運営を行っていると思いますが、ゼミにより運営方法は異なっていますので、本章の記述は、2019年度に実施した私のゼミを前提としていることをお断りしておきます。

> ①　3年生と4年生の履修時限は、時間割上は別に設定していますが（月曜日4限と5限）、3・4年生ともに2コマ続けてゼミに参加しています。

2　一時、企業等に勤務した人を、落下傘方式で校長等の管理者に任命することがはやりましたが、うまくいった事例もあれば、うまくいかなかった事例もあるようです。全体的にまとめると、どのような結果になったのでしょうか。また、そのときの評価基準は何なのでしょうか。

② 　3年生については、それに加えてサブゼミを実施しています（春学期月曜日3限と秋学期月曜日2限）。サブゼミの実施は正式な授業数には含まれず、教師のボランティア活動です。また、3・4年生ともに、秋学期に必修の授業があります。

③ 　学園祭（三田祭）で、3年生がグループによる研究報告を行います。

④ 　年に1回、OB会を実施しています。私のゼミでは、全体会のほかに、名古屋OB会、関西OB会、会計専門職の会など、各種OB会も実施しています。

⑤ 　4月と9月の年に2回、合宿を行います。4月の合宿では、講評も含めて2時間30分から3時間かけて、3年生がディベートを行います。9月の合宿では、1人または1チーム50分で、卒業論文と三田祭の研究について、報告と質疑を行います。

　読者の皆さんが所属していたゼミと同じところもあれば、違うところもあったと思います。学園祭（三田祭）でのグループ研究報告は、ほかの大学では聞いたことがない、慶應義塾大学ならではの伝統です。また、慶應義塾大学はOBの結束が強いといわれていますが、その理由の1つが、ゼミごとのOB会の組織化にあると思います。

Q3　ゼミの運営に適用できるマネジメント・コントロールの手法は何でしょうか。

　マネジメント・コントロールについては、さまざまな定義が存在しますが、本書の第6章、第7章と同様に、本章では、「組織の目的達成に向けて構成員を動機づけるために、意図的に採用される手法」と定義し、Malmi and Brown（2008, p.291, Fig.1）が示す以下のマネジメント・コントロールの体系を用いて、大学のゼミ等の小規模授業に適用可能な手法を検討します。

① **文化的コントロール**（クラン：共通の目的を持つ集団、価値、シンボル）

② **計画**（長期計画、アクション・プラン）

③ **サイバネティック・コントロール**（予算、財務的測定システム、非財務的測定システム、ハイブリッド測定システム）

④ **報奨と報酬**

⑤ **管理的コントロール**（ガバナンス構造、組織構造、方針と手続）

　第7章で検討した学会の全国大会開催については、計画のうちのアクション・プラン、サイバネティック・コントロール、報奨と報酬（アルバイトの学生へのバイト料等）、管理的コントロールのうちの組織構造（学内の職員部門との連携）、方針と手続などが利用可能である一方、文化的コントロール、長期計画、ガバナンス構造は、適用が難しい手法であることを示しました。

【図表10-1】園田ゼミにおける仕事の流れ

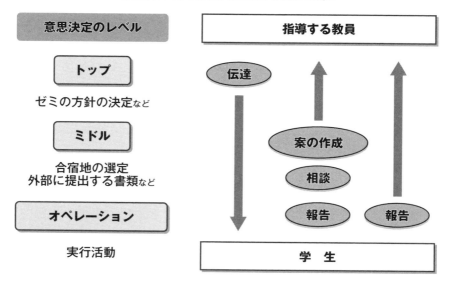

　それに対して、ゼミでは、文化的コントロール（クラン：共通の目的を持つ集団、価値、シンボル）、アクション・プラン、非財務的測定システム（成績評価）、管理的コントロール（ガバナンス構造、組織構造、方針と手続）が適用可能ですが、計画（長期計画）とサイバネティック・コントロール（予算、財務的測定システム、ハイブリッド測定システム）の適用は難しいと思います。

　学会の全国大会が短期的なプロジェクトであるのに対して、ゼミの運営は継続性を前提としているために、両者で適用される手法に違いが生じています。たとえば、私のゼミでは、管理会計を学習するだけではなく、実務への適用を念頭に置いた指導をしていますが、そのような指導の方向性に関係する「価値」を明らかにするとともに、それに基づく学習の「方針と手続」を採用し、各年度の「アクション・プラン」（テキストや課題の選定など）を決定することになります。また、ゼミは2年単位で設定されているため、共通の目的を持つ集団を意味する、「クラン」としての切磋琢磨がゼミ生には期待できます。

　ゼミの運営については、代表、副代表、合宿委員、三田祭委員、入ゼミ委員など、9種類の委員を作り組織化をしています。学生の自主性を促しつつ、ゼミの秩序を維持するために、園田ゼミにおける仕事の流れを説明し、学生が守るべきこと、**マニュアル**に沿って実行して結果を報告すべきこと、学生が案を作成し（勝手に決めずに）相談をすべきことの3種類に仕事を分類しています（図表10-1）。

　業務マニュアルは委員ごとに作成しており、合計で35頁ほどですが、そのメインテナンスとマニュアルの遵守度の維持は、実際のところ、なかなか解決できない課題です。大学では、学生の自主性が特に尊重されるため、マニュアルの存在を自主性の阻害と受け取る人もいるかもしれませんが、定型的な作業はマニュアル化により効率化と品質の向上を目指し、判断すべき事案に時間をかけるべきであると考えています。なお、合宿や三田祭報告では、それぞれの委員が経費を集めますので、事後的に収支計算書を作成させ、代表による監査を受けるというガバナンスを実施しています。

ところで、ゼミのほかにも、総合教育セミナーという１・２年生を対象とした少人数授業を担当しています。その授業では、１年間でグループ報告４回、ディベート３回、レポート提出４回等の課題を課していますが、基本的には、ほめる授業にしています。低学年なのでこれらのスキルが未熟なのは仕方のないことであり、厳しく接するよりは、まず、ほめて自信をつけさせることが大切ですし、１年たつと見違えるように成長する学生が多くいます。一方、ゼミの学生は３・４年生なので、ほめるだけではなく、注意するところはしっかりと注意するなど、当然ですが学生のレベルによって方針を変えています。同様に、学生から何かしてもらったときは、感謝の意を伝えるために「ありがとう」と言葉で伝えるようにしています。これらは金銭的な報奨と報酬ではありませんが、雇用による給与の支払いという関係が存在しない組織では、マネジメント・コントロールの重要な要素であると考えています。なお、総合教育セミナーの終了時には、アンケートを実施し、学生の意見を翌年度の授業に改善事項として反映しています。

解答と解説

① 　大学のゼミは、どの大学でもほとんど同じ方式で運用されている。

　解答：５　　10点

　　意外に思うかもしれませんが、ゼミの運営（あり方）は大学によって大きく違います。私のゼミでは、基本的にすべて出席することを前提にしていますが、ゼミを欠席する学生が多く、まず学生を出席させるところから始まる大学もあるようです。したがって、一口にゼミといって共通的に話すことは、本当はできません。

　　ある税理士さんから、「資格の勉強で忙しかったら授業の欠席を認めるよね」と当たり前のように言われて、びっくりした覚えがあります。私のゼミでも公認会計士志望者はいますが、会計士としての自分の経験から、合格することを目的にするのではなく、合格後の競争力をつけることを目的に指導していま

すが、こういう指導をしている会計のゼミは珍しいのかもしれません。

② 大学のゼミと企業の社内組織に、類似点はほとんどない。

解答：5　10点

　　大学のゼミは、利益の獲得を目的としていないという意味で、コストセンターに近い性格の組織として位置づけることができます。また、本文中に書いたように、大きな組織も、小さな組織の集合体として成り立っています。その意味で、本社部門のマネジメントに応用可能なことはいろいろとあるのですが、企業に勤務している人は、あまり認めたくはないようです。

③ ゼミの運営には、会計上のガバナンスを適用することはできない。

解答：2　10点　1　5点

【原則的な考え方】

　　ゼミは大学の授業ですので、予算によるコントロールはできませんから、厳密にいえば、コストセンターですらありません。したがって、会計上のガバナンスを適用することはできません。

【例外的な考え方】

　　ゼミで合宿に行くときは、合宿委員が費用を集めて運営しています。ここまでやっているゼミはほとんどないと思いますが、私のゼミでは、合宿後に合宿委員が報告書を作成し、別の学生（ゼミの代表、いわゆるゼミ代）が監査を行った後に会計報告をします。なお、理系の研究室で、多額の研究予算を持つ場合には、適切な会計管理の実施が求められます。

第10章についてのコメント1

　　もし、ゼミをお持ちの方がこの章を読まれたら、ご自分のゼミの運営と違う点を多く見つけられることと思います。一口にゼミといっても、普通の授業と変わりがないゼミや、専門書を読む（輪読）ことに専念したゼミなど、さまざまな形態のゼミが存在しています。したがって、それぞれのゼミによって、適用するマネジメント・コントロールの手法も違っていてあたり前です。監査で

も、クライアントごとに担当するチームを組織しますが、チームメンバーの構成や、クライアントの監査リスクの大きさにより、チーム・マネジメントのやり方を少しずつ変えているのではないでしょうか。

　同じ手法を適用しても、うまく運営できる年度と、そうではない年度に分かれることも難しいところです。自分の経験からは、責任者のコミットメントの度合いが、組織の成果に大きく影響しているように思います。マネジメント・コントロールとリーダーシップの関係については、インフォーマルなコミュニケーションなど、今回、記述しなかったトピックスとともに、機会があればもう少し考えてみたいテーマです。

第10章についてのコメント2

　ゼミを題材として、長年温めてきたテーマである、小さな組織のマネジメントを取り上げました。ゼミのマネジメントというと、それだけで自分の仕事には役立たないと聞く耳を持たない人も多くいます。同じことは、大学の運営についてもいえ、大学は非効率的であるとか、大学の教職員は社会に出たことがないので、世間を知らないといった批判をする人もいます。しかし、企業よりも大学の方が進んでいることもたくさんあります。

　勤怠管理の厳しさは大学によりますが、多くの大学では、授業と会議以外はどこで仕事をしてもかまわないので、大学の教員は昔からテレワークをしています。最近テレワークが企業で注目されていますが、私からすれば今更感がありますし、注意すべき事項についてもよく知っているのですが、企業がテレワークについて大学の教員にヒアリングをした話は聞いたことがありません。また、大学の教員による他大学の非常勤はよくありますが、企業で副業が認められつつあるのは最近です。

　大学の教員は大学への就職というよりは、学部への就職といった意識が強いのですが、慶應義塾大学では学部間での教員の移籍も行われています。一方、グループ会社に就職した人は、いくら優秀であっても親会社に転籍できることはごく稀です。自社のグループ会社の従業員は親会社に転籍させないのに、他社のグループ会社の従業員を中途採用で親会社が受け入れていれば、みすみす

優秀な人材を他社グループに流出させていることになります。

　大学が企業からマネジメント上で学ぶことが多くあるのは重々承知していますが、企業がすべてにおいて大学より勝っているわけではありません。大学に通った経験から、大学のことをわかった気になりがちですが、学生や親の視点で見ている大学と、運営側として見ている大学は全く違います。

参考文献

Malmi,Teemu and David A. Brown, 2008, Management control systems as a package – Opportunities, challenges and research directions, *Management Accounting Research*, No.19.

園田智昭（2017）『プラクティカル管理会計』中央経済社

第11章 2018年度 新作問題の棚卸し

《第11章のテーマ》

　本章では、第4章の「2017年度 新作問題の棚卸し」に続き、実務からヒントを得て作成した問題を紹介することで、管理会計の理論と実務のつながりを考えてみたいと思います。

──────────── アカウンティング・クイズ ────────────

１　以下の文章について、もっとも当てはまる選択肢を、枠内の１〜５から選んでください。

　① 劇団のビジネスモデルとホテルのビジネスモデルは、会計的には似ている点がある。

　② 業務改善のためには、非付加価値活動は廃止されなくてはならない。

　③ 配賦基準の値を小さくすることで、製造間接費を削減することができる。

> 1　○
> 2　△（原則的には○だが例外がある）
> 3　△（○か×か意見が分かれて結論が出ていない）
> 4　△（原則的には×だが例外がある）
> 5　×

２　これまでに皆さんが経験したことについて、管理会計で分析できる事例があるか考えてください。

１

①		②		③	

２

【問題1】公演チケットの振り替え

　目白みやびさんが、ある劇団の公演に行こうとした日に大雪が降り、電車が動かなくなったため、観劇ができなかったようです（公演そのものは実施しています。）。

目　白：昨日、大雪で劇団ブックキーパーズの公演を観ることができなかったのよ。

S先生：ずいぶん楽しみにしていた公演だから、残念でしたね。たしか、前から5列目のセンター席でしょう。

目　白：それが、劇団のホームページの連絡先にメールしてみたら、別の日の公演に振り替えてくれたのよね。持っていたのが割引デーのチケットだったから、差額の500円は払ったし、上手（かみて）寄りの席だったけど、7列目だから本当に感謝よ。大雪で劇場に来られなくても、開演している以上は自己責任として振り替えをしない劇団がほとんどだけど、さすがブックキーパーズ！　次も絶対観に行くわ。

S先生：バジェタリースラックも見習いたいですね。

目　白：そうなんだけど、うちもそんなに余裕がある運営じゃないんだよね。ブックキーパーズも負担が大きかったのじゃないかしら。悪いことしたかな。

Q1　大雪の日に来られなかった客のチケットを、別の日の公演に振り替えた劇団ブックキーパーズの行動について、否定的な観点から説明してください。

　ブックキーパーズが公演チケットの振り替えを認めなかった場合、チケットの購入者のとる行動は、観劇をあきらめるか、別の日のチケットを新たに購入

するかの2種類に分かれます。前者の場合、劇団の損益に与える影響はゼロですが、後者の場合には、劇団の収益がその分増加します。

公演を観ることを楽しみにしてチケットを買うのですから、天候上のアクシデントで劇場に行くことができなかった場合、追加的な支出になっても、別の日のチケットを買うファンは一定数いるものと思われます。したがって、劇団はチケットを振り替えるべきではなかったという説明ができます。

Q2　ブックキーパーズの行動について、肯定的な観点から説明してください。

ブックキーパーズが、チケットを別の日の公演に振り替えた場合、たしかに、新しいチケットの販売による売上を得ることはできません。その一方で、振り替えることで追加的な費用も発生していません。客席という一定数のキャパシティを用意して、それを分割して販売することが、会計的な観点からみた演劇ビジネスの特徴です。

したがって、席に余裕がある公演であれば、雪の日に観劇できなかったチケットを振り替えても、劇団に新たな費用が発生することはありません。ただし、席に余裕がない公演日に振り替えると、当日券の販売機会を逃すリスクが発生します。したがって、振り替えできる公演は、客席に余裕がある回のみに限定する必要があります。

別の日のチケットを買う客を逃がすことで、短期的な視点ではマイナスかもしれませんが、観劇日の振り替えを無料で認められることで、劇団に対するチケットの所有者の**ロイヤルティ**がより高くなり、次回以降の公演での観劇を期待できます。出演している役者の側としても、少しでも多い観客の前で演じる方が、やりがいがあるのではないでしょうか。

今回のケースでは、割引デーの金額との差額、500円が追加的な劇団の収入になっていますが、この措置に不満を持つ人はまずいないと思われます。無料

での振り替えが厳しければ、使えなかったチケットの所有者には、当日券を半額で販売することにしても、喜ぶファンは多いのではないでしょうか。

　大雪によって観劇できなかったチケットを無料で振り替えてもらっても、劇団には必ずしも迷惑をかけていないことが、会計的に説明できることがわかり、目白さんもほっとしたようです。

S 先生：理屈ではわかっていても、劇団側の立場に立ったら、心理的にQ1の解答を選択して、振り替えを認めないことが多いと思いますよ。会計的な分析をしての行動ではなく、チケットを買ったお客さんを思っての、損得抜きの行動だけにありがたいですね。

目　白：そうね、ブックキーパーズの次の公演も絶対観に行くわ。

【問題２】 １公演期間で２演目の公演

目　白：私の友達が主宰している劇団のモラル＆モラールなんだけど、今まで、１つの公演期間で２つの演目を公演していたのね。

S 先生：宝塚歌劇みたいに、前半ミュージカルで後半レビューみたいな感じですか。

目　白：そうじゃなくて、２週間で16公演するとしたら、AとBという２つの演目を、同じ劇場で交互に公演するイメージね。

S 先生：それは珍しいですね。演劇のビジネスモデルとしては面白いかな。宝塚歌劇や劇団四季も、複数公演を同時にしていますけど、違う劇場ですからね。

目　白：何年か前から観客数が減っていたらしいんだけど、最近は１公演期間に２演目を公演しなくなったし、公演期間も短くなったの。なぜかしら。

Q3　モラル＆モラールが、1公演期間2演目の公演をしていた理由を説明してください。

　モラル＆モラールが、1つの公演期間で2つの演目を公演する理由はいくつか考えられます。収益面では、劇団のファンが1公演期間で少なくとも2回足を運ぶことで、売上高の増加を見込めます。2つの演目を1つの期間で行うことで、会場を2回確保する手間が省け、そのためのコスト（いわゆる取引コスト）を削減することもできます。さらに、2つの公演の周知を一度で済ませることができ、アルバイトの確保などもまとめることで、費用面での効果を期待できます。

　演目が増えることで、俳優の出演料も追加的な費用として発生しますが、出演回数に応じた変動費ですので、各回の公演でそれを上回る収益が入れば、**限界利益**が発生することになります。出演料だけで生活できている俳優が少ない現状を考えると、所属俳優の出演機会を増やすという目的もありそうです。

Q4　モラル＆モラールが、1公演期間2演目の公演をやめて、公演期間を短くした理由を説明してください。

　Q3で示した収益面での効果は、客席数が、毎回、ほぼ埋まるうえに、リピート観劇するコアなファンが多いという条件つきで成り立ちます。観客数が下降傾向にある場合は、演目が違うとはいえ、短期間に2回観劇する客が減り、各回の客席の販売率が低下するために、公演日数を伸ばしたことで発生する追加的なコストを回収できないリスクが高くなります。

　公演の回数を減らして1回当たりの入場者数を増やすことで、収益性が改善されます。1演目分の費用が削減されるだけではなく、大道具の入換え作業を行う手間も省けることから、売上は減っても、費用を圧縮して利益を今よりも増やす目的で、演目を1つにして短期間の公演にすることが選択されたものと推測できます。

【問題3】町内会の役割負担

　目白さんが、町内会についての愚痴をS先生に話しています。目白さんが所属する町内会は、男性会長1人のほかは、すべて女性がメンバーとのことです。

S先生：目白さん、お疲れのようですね。どうしたんですか。

目　白：町内会の議事録を徹夜で書いたのよ。すべての議題について、誰が何を話したのか書かないといけないから大変なの。

S先生：目白さんが町内会に入っているとは意外ですね。

目　白：公演のときはお客さんがたくさん来て、ご近所に迷惑をかけるからね。日ごろのお付き合いが、いざというときに物を言うわけ。今までは副会長の女性が事務的な仕事を全部引き受けていたんだけど、新しい男性会長が女性の負担軽減化を打ち出して、仕事を女性5人に配分したんだけどね……。

Q5　町内会長の打ち出した女性の負担軽減化が達成されているかどうか、原価計算の理論を援用して説明してください。

　町内会長の改善策ですと、たしかに副会長の負担は減りますが、それを単に別のメンバーに負担させているだけで、トータルの負担量は変化していません。したがって、トータルでの女性の負担軽減にはなっていないことになります。このケースは、町内会の作業を**製造間接費**に、女性に配分された仕事を製品への**配賦額**に置き換えて、製造間接費の管理と同じ考え方で説明することができます。

　製造間接費を直接作業時間で製品に配賦する場合、製品ごとの直接作業時間を変えても、製造間接費の総額は変わりません。たとえば、製造間接費が10万

円のときに、直接作業時間が製品Aは80時間、製品Bが20時間であれば、配賦額は製品Aに8万円、製品Bに2万円になります。一方、直接作業時間を製品AとBともに50時間とすると、配賦額は製品AとBともに5万円になり、製品Aへの配賦額は減りますが、その分、製品Bへの配賦額が増えるために、総額での製造間接費には何も影響を与えていません。

　このケースでは、副会長の女性の仕事が減っても、目白さんを初めとした女性スタッフの仕事は増えていますので、負担のかたよりは改善されたかもしれませんが、トータルでの女性の負担軽減化にはつながっていないことになります。副会長の女性の仕事量が過重であることから、その解消＝仕事量の減少と町内会長が勘違いした事例ですが、皆さんも同じような経験をしたことがあるのではないでしょうか。

Q6　どのような施策を取れば、女性の負担は軽減されるのでしょうか。

　女性の負担をトータルで軽減するためには、女性間の負担割合を変えるのではなく、現在行っている仕事が必要かどうかを検討する必要があります。**活動基準管理**（**ABM**：Activity Based Management）では、活動を付加価値活動と非付加価値活動に分け、**非付加価値活動**を、できるだけ排除していきます。いろいろな事情で廃止できない場合には、活動の回数を減らすことを考えます。

　ABMでは、活動量を決定する**コスト・ドライバー**のコントロールも検討します。このケースでは、すべての議題を議事録に詳細に記録するのではなく、議論がある事項のみ詳細に書くことで、議事録の作成時間を大幅に削減できそうです。女性の仕事の一部を男性会長が担当することでも、トータルでの女性の仕事量は減少しますが、これができる男性会長は少ないのではないでしょうか。

解答と解説

① 劇団のビジネスモデルとホテルのビジネスモデルは、会計的には似ている点
がある。

解答： 1　10点

　　劇団とホテルのビジネスモデルは、全く関係がないように見えますが、劇場
の客席かホテルの客室かという違いはあるものの、どちらも一定数のキャパシ
ティを用意して販売するという特徴があります。その点で、いかに販売できな
いキャパシティを減らして利益を増やすかが、ビジネスを考えるうえで重要性
を持つという、会計上の類似点があります。

② 業務改善のためには、非付加価値活動は廃止されなくてはならない。

解答： 2　10点　　1　5点

【原則的な考え方】

　　活動基準管理（ABM）では、顧客に対して価値を生まない、または会社の運
営にとって必要のない業務は、非付加価値活動と考えており、できれば廃止す
るのが望ましいことになります。

【例外的な考え方】

　　非付加価値活動であったとしても、様々な事情で廃止できないこともありま
す。その場合には、活動に割く時間をなるべく少なくするために、頻度を小さ
くするなどの努力が必要です。廃止できない理由は、その活動に固執する人の
地位が高く影響力のある人であったり、頑固で声が大きい人であったりと、理
屈が通じないケースがほとんどですが、改善の阻害要因とはこんなものかもし
れません。

　　たとえば、PTAで親向けの講演会をやっても人が集まらず、動員をかけるよ
うなケースでは、講演会に親のニーズがないことになります。そもそも子供の
ためのPTAで、親向けの講演会を開催する必要性があるとは思えませんので、
典型的な非付加価値活動と考えられますが、少数とはいえ、PTAの活動に使命
感を持つ親からすれば、とんでもない提案ということになるでしょうし、毎年
開催している場合には同調圧力もあり、このような提案は非常にしづらくなり

ます。

③　配賦基準の値を小さくすることで、製造間接費を削減することができる。
　解答：4　10点　5　5点
　【原則的な考え方】
　　配賦基準の値を小さくすれば、その製品への製造間接費の配賦額は小さくできますが、別の製品への配賦額が大きくなっており、結果的に製造間接費の総額は変わりません。
　【例外的な考え方】
　　この問題については、「製造間接費を削減」という表現がミスリーディングを誘っており、総額は変わらないものの、その製品が負担する製造間接費は確かに小さくなっています。したがって、製品の責任者目線では、製造間接費を削減したといっても嘘ではないことになります。ここにも、全体最適と部分最適の問題が潜んでいることが理解できたでしょうか。

第11章についてのコメント

　　第4章に引き続き、現実の出来事を題材にして、3つの新作問題を作った章で、デフォルメの程度はちがいますが、3問ともにモデルとなる出来事があります。2問目の劇団は、本章が『会計・監査ジャーナル』に掲載された2か月後に、運営会社が破産してしまい、あまりのタイミングに少し驚きました。運営会社の破産については、劇団運営の難しさを同情する声もありますが、劇団の運営について管理会計の視点から傍観した限りでは、劇団員やスタッフへの給与未払いや（東京商工リサーチ、2019.7.1配信）、年間応援費を払っているサポーターズ・クラブの会員への事後の対応も含め、経営上の問題もあったのではないかと思います。

　　第4章でも書きましたが、日常的に体験する疑問について抽象化して考えることで、管理会計の観点から分析できる場合があります。問題の解答については、条件や発想を変えることで、別の説明ができるかもしれません。ここでの解答例をたたき台にして、より突っ込んだ検討をしていただければ幸いです。

第12章 管理会計と財務会計の数値は一致するべきか

《第12章のテーマ》

　本章では、簿記（第1巻第7章）、経営学（第1巻第10章）、マーケティング（第1巻第13章）、監査（本書第3章）に続く、「管理会計と隣接学問の関係を探る」シリーズの第5弾として、管理会計と財務会計の関係について考察します。管理会計と財務会計は、基本的には別の機能を持っていますが、以前よりも接近する方向に変化しています。ここでは、いわゆる財管一致の問題を含めて検討します。

────── アカウンティング・クイズ ──────

1 以下の文章について、もっとも当てはまる選択肢を、枠内の1〜5から選んでください。

① 割引計算は財務会計では行われない、管理会計の特徴である。

② 有価証券報告書の連結セグメント情報に、管理会計的な要素は含まれていない。

③ IFRSを適用していても、グループ企業ごとの予算管理は、日本基準ベースで行って問題ない。

```
1  ○
2  △（原則的には○だが例外がある）
3  △（○か×か意見が分かれて結論が出ていない）
4  △（原則的には×だが例外がある）
5  ×
```

2 管理会計と財務会計の違いを3点あげてください。

1

①		②		③	

2

Q1　管理会計と財務会計の違いについて教えてください。

　本章では、「管理会計と隣接学問の関係を探る」シリーズの第5弾として、管理会計と財務会計の関係を考察します。企業が経営を行った結果を、株主や債権者といった利害関係者に報告するために、財務諸表によって貨幣額で要約表示するのが**財務会計**の機能です。一方、企業が経営を行うときに、意思決定や業績管理で必要な会計情報を、経営者や管理者などに提供するのが**管理会計**の機能です[1]。

　園田（2017、pp.2-5）では、機能以外の両者の相違点として、法律・基準・委員会報告などによる規制の有無、会計期間（管理会計は日次・週次など任意の期間で適用可能）、業績測定の対象（管理会計では事業部・製品など、より詳細な単位も対象）、会計情報の範囲の4点を示しています。

　会計情報の範囲では、一般的には、非財務的指標と未来情報の利用が、両者の違いとして指摘されています。管理会計では、設備投資の経済性計算で、正味現在価値法と内部利益率法を使うときに、キャッシュの将来的な収支という**未来情報**を現在価値に割り引いて計算します。30年前であれば、財務会計では行われない管理会計の特徴として、このような**割引計算**を示すことができたのですが、現在では退職給付会計や減損会計でも割引計算は行われており、両者を区別する特徴とすることが難しくなっています。

Q2　財務会計と管理会計の連結セグメント会計は、何が同じで何が違うのでしょうか。

　セグメントとは、企業の組織区分を意味しており、事業部等の企業内組織ごとに業績を測定する**セグメント会計**は、もっとも管理会計らしいトピックスのうちの1つです。一般的には、セグメント会計は企業内の組織である事業部や

1　本文中では企業での適用を前提として説明していますが、企業以外の組織でも、財務会計と管理会計を適用することができます。なお、マネジメント関係の文献では、意志決定ではなく、意思決定と表現するのが一般的です。

社内カンパニーを対象として議論されていますが、連結会計でも連結事業セグメントに適用可能です。

　しかし、**連結セグメント会計**については、園田（2014）などを除いて、管理会計の分野ではほとんど研究されていません。その一方で、有価証券報告書では、損益計算書の形式ではないものの、**連結セグメント情報**として、売上高、利益、資産の金額が開示されています。これは財務会計上の開示ですが、売上高にはセグメント間の内部売上高と内部振替高が含められていますので、管理会計的な情報も開示していることになります。そのため、連結セグメント事業部の売上高の合計額から、内部売上高等の合計額を差し引いて、連結財務諸表全体の金額と一致させるという調整を行っています。

　このように、連結セグメント会計では、管理会計と財務会計の差が小さくなっていますが、両者は全く同じではありません。たとえば、管理会計のセグメント別損益計算書は、売上高から変動費を控除して限界利益を計算し、そこから固定費を控除する**貢献利益法**により作成します[2]。それに対して、有価証券報告書の連結損益に関する開示事項は、売上高と利益だけで、途中のプロセスは開示していません。また、個別企業のセグメント情報の開示もされていません。

Q3　予算管理と財務会計の関係を説明してください。

　セグメント会計と同様に、**予算管理**も財務会計と深く関係する管理会計の手法です。図表12-1は予算管理のプロセスを示しています。会計年度が始まる前に、**見積財務諸表**という形で予算を設定し、月次の管理を繰り返しつつ、1年後に実績を反映した財務諸表を作成します。予算どおりの活動ができれば両者は一致しますが、現実的には両者は一致せず、予算が達成できなかった理由を差異分析によって検討し、次期の活動に反映させるのが、予算管理の一連のプロセスです。

　2　実務的には、財務会計上の区分に基づくセグメント別損益計算書が、管理会計上の資料として作られることもよくあります。

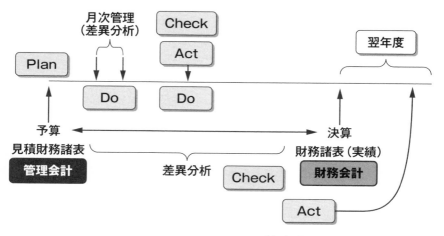

【図表12-1】予算管理のプロセス

（出所：園田、2017、77頁、図表7-1）

　損益計算の観点から予算を説明すると、予算は収益と利益に対する目標値であり、費用に対する制約と考えることができます。行動計画どおりに１年間活動をすれば、予算で作成した見積財務諸表と実際の財務諸表が一致することから、予算を通じて管理会計と財務会計はリンクしていることになります。有利差異・不利差異を問わず、予算と実績で差異が生じるのは当たり前ですが、達成が不可能なほど厳しい利益目標を設定して、経営者が現場に強いプレッシャーをかけると、予算を見かけ上達成したことにするために、何らかの不正が行われるリスクが非常に高くなります。このことは、管理会計情報を誤って利用すると、財務会計に悪影響を与える場合もあることを示唆しています[3]。

Q4　いわゆる財管一致は必要なのでしょうか。

　管理会計と財務会計については、いわゆる**財管一致**であるべきか、それとも

3　このような管理会計情報の誤った利用が、望ましくない結果を引き起こすことは、実務的には十分有りえるのですが、実態の把握も含め、研究はほとんど行われていません。

不一致を認めるのかという問題があります。両者の数値が一致していないと、管理会計上の目標値を達成しても、財務会計上の実績値では目標未達の場合もあり、経営が混乱するといったことが、財管一致の論拠としてあげられることが多いようです。一方、管理会計の原則は、「異なる目的には異なる原価を」であり、多様な原価の存在を前提としています。その観点からは、目的によって、管理会計と財務会計の数値は一致していてもよいし、一致しなくてもよいということになります。

　財管一致の議論では、どのレベルでの一致をイメージしているのかが、曖昧なまま議論されていることが一番の問題です。最終的な利益だけを一致させればよいのか、途中のプロセスで計算される段階的な利益まで一致させるのかによって、どちらの立場に立つのかが変わることもありえます。最終的な利益が違っても、その後に調整を行って、財務会計上の数値に一致させる場合を、財管一致と考えるのかどうかもはっきりしていません。

　有価証券報告書の連結事業セグメントの売上高には、**内部売上高**と**内部振替高**を含んでいます。したがって、それらを控除するという調整を行わないと、セグメント売上高の合計と連結財務諸表の売上高は一致しません。このように、すでに財務会計の中でも、調整過程を経ることで、管理会計的な情報と財務会計上の金額をつなげる作業をしていることは、財管一致の問題を考えるうえで重要なポイントであると思います。

Q5　IFRSは管理会計に影響を与えているのでしょうか。

　財管一致ではなくても、会計基準が変更された場合、財務会計だけではなく管理会計にも影響を与えることになります。IFRS導入の影響について、園田（2011）では、IFRSのアドプションが原価計算と管理会計に与える影響をまとめ、管理会計については、利益概念の変化による評価指標への影響、公正価値による資産・負債の評価による評価指標への影響、セグメント別連結情報、財

政状態計算書（貸借対照表）項目の管理、予算管理に対する影響を指摘しました。

　IFRSの導入により、経費計上のルール変更、日本の利益概念との違い、費用の計上区分の違いなどにより、従来と各種利益の金額が異なる可能性があります。また、資産と負債の評価方法の違いは、投資利益率の数値にも影響を与えます。IFRSは連結会計で採用され、個別企業には日本基準が採用されますので、企業グループ・マネジメントを考えた場合、両者の業績評価指標の計算プロセスの違いをどのように処理すべきかも課題になります。さらに、企業グループ全体の利益目標はIFRSベースで計算されることから、IFRS基準と日本基準のどちらでグループ会社の予算を作るのかも検討すべき課題です。収益の認識に関する基準の変化も、管理会計には当然影響を与えますし、古典的な論点になりますが、支払利息を原価に参入するか否かも、IFRS適用に関連して改めて議論が必要です。

解答と解説

① 　割引計算は財務会計では行われない、管理会計の特徴である。

　解答：5　　10点

　　割引計算が財務会計で行われていなかったのは過去の話で、現在では、財務会計でも、減損会計や退職給付会計で割引計算は行われています。IFRSはファイナンス的な要素が強いので、今後は今よりも割引計算が財務会計で使われていくことになると予想しています。

② 　有価証券報告書の連結セグメント情報に、管理会計的な要素は含まれていない。

　解答：5　　10点

　　有価証券報告書の連結セグメント情報の売上高には、セグメント間の内部売上高と内部振替高が含まれています。これは、事業部制会計の内部振替価格に相当する、管理会計的な処理といえます。そのため、連結セグメントの売上の合計から調整額としてその金額を控除することで、連結財務諸表の売上の金額

と一致させています。

③　IFRSを適用していても、グループ企業ごとの予算管理は、日本基準ベースで行って問題ない。

解答：2　10点　1　5点

【原則的な考え方】

　IFRSの適用は連結財務諸表だけで、個別財務諸表は日本基準で作られます。そのため、グループ企業ごとの予算を、日本の会計基準に基づいて作成しても問題はありません。

【例外的な考え方】

　上場企業が公表する利益目標は連結ベースですので、それを達成するための予算も、本来は連結ベースで作成する必要があります。その場合には、グループ会社の予算もIFRS基準で作成しないと、連結予算の作成が難しくなります。ただし、実績値は日本基準で測定しますので、予算と実績の差異分析時の調整という追加的な作業が発生します。

第12章についてのコメント

　「管理会計と隣接学問の関係を探る」シリーズの第5弾として、管理会計と財務会計の関係について考えてみましたが、このシリーズの中で一番書きづらいテーマでした。会計学の領域は、財務会計、管理会計、監査の3つに大別されますので、本当はもっと早くこのテーマで書かないといけなかったのですが、ずるずると先延ばしして、やっとまとめることができました。

　一昔前ですが、ある財務会計の先生の講演で、「会計の目的は……」といった話が、財務会計を前提とした内容で、管理会計の存在自体を無視したものでした。今でも、会計イコール財務会計というイメージが、世間一般だけではなく、会計学者の中にもあるのは非常に残念です。それでは、管理会計を含めた「会計の目的」を、どのように定義すればよいのでしょうか。実はこういったベーシックな定義が一番難しいのかもしれません。

参考文献

園田智昭（2011）「IFRSのアドプションによる原価計算・管理会計への影響」『企業会計』63巻10号

園田智昭（2014）「企業グループマネジメントの進展に伴う管理会計のイノベーション」『會計』185巻2号

園田智昭（2017）『プラクティカル管理会計』中央経済社

第13章 管理会計アラカルト

《第13章のテーマ》

　ここまでは、章ごとにテーマを決めて記述してきましたが、第13章では、全体として統一したテーマを設定するのをやめて、相互に関連のない、「原価と費用の違い」、「サービス業の原価計算」、「利益マネジメント」という3つのテーマについて考察します。

──────── アカウンティング・クイズ ────────

1 以下の文章について、もっとも当てはまる選択肢を、枠内の1～5から選んでください。

① 原価と費用は同じ概念である。

② サービス業では仕掛品は計上されない。

③ 減価償却費はコミッテッド・コストであり、有形固定資産を購入した後は、発生額を管理することはできない。

```
1  ○
2  △（原則的には○だが例外がある）
3  △（○か×か意見が分かれて結論が出ていない）
4  △（原則的には×だが例外がある）
5  ×
```

2 サービスの原価計算が難しいと考えられている理由を3つあげてください。

1

	①		②		③	

2

Q1　原価と費用の違いは何でしょうか。

　基本的な論点ですが、読者の皆さんは、原価（cost）と費用（expense）の違いについて考えたことがありますか。日常的には、費用の意味でコストという用語を使うことはありますが[1]、逆に原価の意味で費用を使うことはありません。このことからも、両者は互換性のある用語でないことがわかりますが、両者の違いを説明するためには、ある程度の字数が必要になります。

　議論の前提として、ここでは、**費用性資産**の取得と売上の獲得のために使用した金額を「**原価**」と定義し[2]、収益を獲得するための犠牲を「**費用**」と定義します。この定義からは、販売用の商品や製品、さらには、有形固定資産などの費用性資産を取得するための対価は、原価ですが費用ではないことになります。たとえば、**製造原価**は、製品という資産を取得するために使用した金額であり、それと同等の価値を製品が持つことを意味しています。そして、製品が販売されたときに所有権を失うため、資産としての製品の製造原価は、費用としての**売上原価**に変化します。建物の取得原価は資産として計上されますが、減価償却費として年々費用化されていきます。このように、一度資産として計上されても、将来的に費用化されるものを取得したときの対価は原価と呼び、そうではない金融資産などを取得したときは、原価という表現はされず、取得価額などの表現がされます。

　一方、**販売費及び一般管理費**は、営業活動を行って売上をあげるために必要な費用であり、期間原価と表現されるように、原価でもあります。ここまでをまとめると、図表13-1に示すように、原価と費用の両者に該当するのは、売上原価と販売費及び一般管理費であり、原価だけに該当するのが費用性資産の取得原価で、費用だけに該当するのが**営業外費用**であることになります。

1　費用の意味で、コストの代わりに原価という表現を使うことは少ないように思いますので、原価と費用を包含した意味で、コストという表現を使っているということなのかもしれません。
2　『原価計算基準』3の定義とは表現をあえて変え、わかりやすい表現にしていますが、基本的には同じ内容を意味しています。なお、『原価計算基準』4（二）で、販売費及び一般管理費についても原価として規定し、37-39で計算について簡単に述べています。

　ところで、上記の説明には、検討するべき事項が多少残っています。原価の対象となる資産は、原則的に費用性資産ですが、有価証券[3]や土地を取得したときも取得原価という用語が用いられます。有価証券については、売却額から取得額を控除して有価証券売却益を計算しますので、売上原価に近い性質と考えて、取得原価という表現を用いているのではないかと推察しています。土地については、ほかの有形固定資産が減価償却をする費用性資産であることから、それに倣っての使われ方であると思います。また、費用の観点からは、営業外費用を期間原価に含むかどうかという点も検討すべき事項です。

【図表13-1】原価と費用の関係

Q2　サービス業では原価計算が行われていないというのは本当でしょうか。

　サービスについても原価計算をするべきではありますが、実際にはほとんど行われていないと思っている人も多いのではないでしょうか。サービスの原価計算が難しいと考えられている理由としては、以下の3点をあげることができます。

> ①　定型的なサービスが少なく、同じサービスを提供する場合でも、状況によって作業時間が異なるため、予定原価や標準原価を使うことが難しい。

3　『金融商品に関する会計基準』の16項、17項、18項などで、取得原価という用語が用いられています。その一方で、同基準の14項では、債権について取得価額という表現をしています。

② 販売費及び一般管理費とサービス原価の区別が難しい。

③ サービスは無形であるために、心理的に原価の集計が難しく感じられる。

　第1巻第14章でも書いたように、一口にサービスといっても、有形財を提供したり、工場を持っていたり、設備投資型の企業であったり、その実態はさまざまです。そのため、すべてのサービス業を対象とした、一元的な原価計算方法を提示することが困難であることも、サービス業の原価計算を研究しづらい理由の1つになります。

　2018年度より他大学でも、客員教授として簿記の2級を教えています。その授業で使っているテキストは、サービス業では、**役務収益**（売上）の計上前に発生した費用は**仕掛品**に計上して、売上を計上するときに**役務原価**（売上原価）に振り替えるとしています。広告業を例にとると、広告サービスを提供するまでに発生した給料や水道光熱費は、広告サービスの提供までは仕掛品とし、広告サービスの提供時に、売上原価を意味する役務原価に振り替えることになります（渡部、片山、北村、2019、44頁-45頁）。この仕訳を示すと以下のようになり、製品勘定を通さずに、仕掛品勘定から売上原価勘定に直接振り替えるのは、サービス業の原価計算の特徴になります。

・サービス原価の支出時
　（借）仕　掛　品　　　××　　（貸）給料　　　　　　××
　　　　　　　　　　　　　　　　　　　水道光熱費　　　××
・売上計上時
　（借）役務原価　　　　××　　（貸）仕掛品　　　　　××

　このとおりに仕訳をするためには、サービスについて原価計算を行う必要があります。前述の仕訳では、水道光熱費を仕掛品に計上していることから、間

接費の配賦計算も行う、全部原価計算を想定していると推察されます。費用収益対応の原則からはこの仕訳が正しいのですが、現実的にどの費用をサービスの原価として含めているのかなど、サービスの原価計算については、まだ研究の余地が残されています。

　実務的にも、仕掛品を計上しているサービス業はあります。たとえば、三菱総合研究所の有価証券報告書では、貸借対照表のたな卸資産に仕掛品が含まれていることが注記事項で述べられています[4]。また、博報堂DYホールディングスの有価証券報告書では、たな卸資産に「進行中業務に関する費用」を含んでいることが注記事項で述べられており[5]、この部分は仕掛品に該当すると思われます。

Q3　利益マネジメントとは、どのようなマネジメント方法なのでしょうか。また利益マネジメントを研究する上で、考慮すべき課題は何でしょうか。

　管理会計を実施する目的は、経営を行うために有用な（役に立つ）会計情報を提供することですが、役に立つか立たないかは、収益性の向上への貢献が大きな判断基準になります。ここで強調したいのは、管理会計は、企業の活動に働きかけることで、原価削減や収益増加を達成し、差額としての利益の増加を目指すということです。そのため、**利益マネジメント**という表現は、管理会計ではほとんど使われていません。

　一方、財務会計の分野では、近年、利益マネジメントに関する研究が多く行われています。私の専門は管理会計ですので、利益マジメントについてはいくつかの報告を聞いただけで、勘違いや理解不足もあるかもしれませんが、利益マネジメントでは、会計上の判断のタイミングや会計方法の変更などによる利益への影響を研究テーマとしています。具体的な例としては、減損損失を計上するタイミングをずらすことで、利益を変化させることなどが考えられます。

4　三菱総合研究所『2018年9月期　有価証券報告書』51頁、63頁
5　博報堂DYホールディングス『2018年3月期　有価証券報告書』51頁、64頁

利益マネジメントの研究では、企業の実際の活動に働きかけるのではなく、会計上の操作による利益への影響を想定していることが多くありますが、この点が、実際の活動への影響を考える管理会計との違いになります。

このような利益マネジメントの研究については、以下のような難しさがあると思います。第1に、企業は会計上の判断のタイミングをそれほど自由には選択できないので、うっかりすると粉飾になりかねないということです。この点については、粉飾にならない範囲での操作を研究の対象にするということでしょうが、それがデータの収集に反映されているのかを慎重に見極める必要があります。

第2に、会計上のデータは、企業の意思決定の結果を示しているのは事実ですが、見かけ上はその数値を操作するために行われたようにみえても、その背後には経営上の合理的な別の理由があり、別の解釈ができるかもしれません。そのため、財務会計上のデータによる統計上の分析に加えて、意思決定者は誰なのか、どのようなプロセスで意思決定を行っているのかなどを、総合的に勘案して判断することが望まれます。

Q4　減価償却費は管理できないと考えていいでしょうか。

管理会計では、減価償却費などの、キャパシティを準備するための固定費を、**コミッテッド・コスト**という原価概念で説明します。有形固定資産を購入した後は、採用した減価償却方法に基づいて減価償却費が計算されますので、金額をコントロールすることができません。このように、コミッテッド・コストについては、当初の意思決定により発生水準が決まるので、その後は管理不能であるコストとして考えられています。

しかし、減価償却費のトータルの金額は変わらなくても、利益マネジメントで問題にされるように、減価償却方法を変更すれば、会計年度ごとの発生額は変更できますので、利益の額も変化します。さらに、償却期間終了前に固定資

産を売却や除却することでも、期間的な損益に影響を与えることができます。このように考えると、コミッテッド・コストは本当に管理不能と扱うべきか、部分的には管理可能なのか、管理会計の立場から再検討が必要であると思います。

解答と解説

① 原価と費用は同じ概念である。

解答：4　10点　5　5点

【原則的な考え方】

費用の意味でコストが使われることがよくありますが、原価はcostを、費用はexpenseを訳した用語であり、両者で重なる部分はあるものの、正確には違う概念を意味しています。売上原価と販売費及び一般管理費は原価かつ費用ですが、費用性資産を取得するための金額は、原価ですが費用ではありません。一方、営業外費用は費用ですが、原価ではありません。これらの関係については、図表13-1を参照してください。

【例外的な考え方】

売上原価と販売費及び一般管理費は原価かつ費用です。これらの費用は、費用の大きな割合を占めていますので、両者を同じ意味として認識している人も多いと思います。

② サービス業では仕掛品は計上されない。

解答：4　10点　5　5点

【原則的な考え方】

費用と収益を対応させるために、サービス業でも簿記上は原価計算を行い、売上の計上とともに売上原価に計上します。このため、売上の計上が翌期になると、それまでに発生した原価は、期末時点で仕掛品に計上することになります。コンサルティング会社や広告代理店の有価証券報告書では、実際に仕掛品が計上されています。

【例外的な考え方】

　サービスの生産と提供が同時に起こる場合には、仕掛品は発生しません。また、小売業では、メーカーが製造したものを仕入れて販売していますので、そもそも原価計算は行う必要がありません。なお、本問を仕掛品ではなく在庫とした場合には、小売業では商品が、飲食業では材料（食材）が計上され、ほとんどすべてのサービス業が在庫を計上していることになります。

③　減価償却費はコミッテッド・コストであり、有形固定資産を購入した後は、発生額を管理することはできない。

　解答：2　10点　　1　5点

　【原則的な考え方】

　有形固定資産を購入した後は、決められた方法で減価償却を行うため、減価償却費の金額を変更、すなわち管理することはできません。そのため、購入時の意思決定が重要であるといわれています。

　【例外的な考え方】

　減価償却方法を変更することで、発生額を変更することができます。減価償却方法の変更によるコントロールは、管理会計のテキストでは想定されていませんが、財務会計では利益マネジメントの範疇に含まれると思います。また、有形固定資産を売却したり除却したりすることで、その後の減価償却費の発生を回避することができます。

第13章についてのコメント

　第1巻から通算して28章目で、いよいよテーマに困って、窮余の策として、3つの異なるテーマを管理会計アラカルトとして選択した章です。原価については、例外的に貨幣性資産についても原価という表現が使われることもあり、定義の難しさを感じています。

　サービス業の原価計算については、管理会計の学者の間では実務的な適用は少ないとされており、商業簿記先行型のテーマになります。実際には仕掛品に計上しているサービス業もあり、実態調査の必要性を再確認した次第です。

　利益マネジメントは、マネジメントとはいえ、主に財務会計の分野で研究されているテーマです。それほど詳しいわけではありませんが、報告を聞いたときに、監査の経験と管理会計という研究分野から感じた疑問点を書いてみました。

参考文献

園田智昭（2017）『プラクティカル管理会計』中央経済社

渡部裕亘、片山覚、北村敬子（2019）『検定簿記ワークブック2級　商業簿記　第5版』中央経済社

第14章 工場見学は楽しい

《第14章のテーマ》

　一昔前の工場見学は、学校の社会見学の一環として、小学生や中学生が行くものでした。ところが、最近では工場見学が社会的なブームになっており、多くの大人が参加しています。今回は工場見学をテーマにして、工場見学のときに意識すべき点についてまとめ、実際に工場見学から得られた管理会計上の知見も紹介します。

─────── アカウンティング・クイズ ───────

1 以下の文章について、もっとも当てはまる選択肢を、枠内の1〜5から選んでください。

① 同じ製品を複数の工場で製造すると、工場によって単位原価（1単位当たりの製造原価）は異なる。

② 同じ製品を製造しているのであれば、工場が違っても原価の構成に違いはない。

③ 大企業の工場では情報管理が徹底しているので、生産に関する具体的な数値を見学者が知ることはできない。

```
1  ○
2  △（原則的には○だが例外がある）
3  △（○か×か意見が分かれて結論が出ていない）
4  △（原則的には×だが例外がある）
5  ×
```

2 工場見学のときに意識すべきポイントを3つあげてください。

1

①	②	③

2

Q1　工場見学の現状について説明してください。

　工場見学は学校の社会見学の定番の行事で、小学校のときに、パン工場や新聞社の印刷工場に行った経験がある方も多いのではないでしょうか。ところが、最近は大人の工場見学がブームになっており、多くの工場で何か月も先でないと予約自体が取れなくなっています。以前は予約なしで見学できたビール工場も事前予約が必要となり、見学後の試飲用のビールを毎日飲んで帰るサラリーマンがいるという都市伝説も、今では語られることがなくなりました。

　20年以上前では、電話によって申し込むか、知り合いに個別に依頼するしか、工場見学をする術はありませんでしたが、現在では、多くの企業がホームページで工場見学の予約を受付けており、簡単に見学ができるようになりました。江崎グリコのグリコピア、日清製粉グループ本社の製粉ミュージアム、YKKのYKKセンターパークなど、楽しみつつ見学できる施設を作る企業も増えてきました。

　一方で、工場のセキュリティも厳しくなり、事前に見学者リストの提出を求める工場も増えてきました。当然ですが、食品工場では衛生管理が厳しく、窓ガラス越しに製造工程を見るだけの工場も増えています。小学生限定での受付け[1]をしている工場もありますし、大部分の工場の見学開始時間は2時か3時ごろまでです。私のゼミでは、年に一度は工場見学やオフィス見学に行くことにしていますが、ゼミの時間内での移動を考えると、見学先を見つけるのにかなり苦労をしています。

Q2　工場見学の時に注意すべきポイントを5つあげてください。

①　工場のタイプの把握

　工場は、大きく、加工組立型と装置型に分けることができます。車、電機、

1　工場によっては、ホームページで小学生限定としていても、頼むと大人も受付けてくれる場合があります。

食品などの**加工組立型**の工場は、一般にイメージされている工場そのもので、建物の中に生産ラインが作られ、製造活動は個々の建屋内で行われます。それに対して、石油やガスなどの**装置型**の工場では、個々の建物や構築物が機械の役割を果たし、敷地全体で1つの製造プロセスを構築しています。したがって、工場の敷地が広くなり、マイクロバスに乗って敷地内を移動して見学を行います。ビール工場では建物の内部で見学をしますが、製造工程はタンクをパイプで連結する形であり、装置型に近い形態になります。

② 人と機械のどちらが製造しているのか

　人と機械のどちらが製品を作っているのかを確認することは、工場見学のときの基本的な視点です。主に人が製品を作っているのであれば、労働集約的な工場ということになりますし、主に機械が製造しているのであれば、自動化が進んだ工場ということになります。後者のタイプの工場では、従業員は品質管理と機械のモニタリングに従事しており、大部分の労務費は製造間接費に計上されます。労働集約的な工場では直接作業時間が、自動化が進んだ工場では**機械作業時間**が、理論的には製造間接費の**配賦基準**としてふさわしいことになります。

③ 壁や掲示板に注目

　多くの工場では、秘密厳守のために、製造工程の写真を撮ることを禁止しています。同業者の見学を断る工場もあるため、日本管理会計学会で工場見学の開催担当の常務理事になったときは気を遣いました。しかし、QCサークルの成果報告や、工場内の伝達事項などを壁や掲示板に貼って、生産情報の一部とはいえ、意識せずに公開している工場が、実は多くあります。電光掲示板で生産個数の目標と実績値を示している工場もありますが、それを見れば、生産のキャパシティと実際の生産能力の差を推察することができます。

④ 工場の清掃状況

　一昔前の工場のイメージは「汚ない」かもしれませんが、現在では、整理・整頓を含み、工場の清掃状況は格段に改善されています。しかし、包装紙等の

ごみが落ちている工場もたまにありますので、清掃状況は工場の管理レベルを推察する重要な要素になります。在庫の監査では、棚卸の立合時に、簿外の在庫や品質が低下した在庫の存在をチェックしていると思いますが、工場の清掃状況に着目すると、そのような在庫が存在しやすい工場かどうかが、概ねわかるのではないでしょうか。

　10年以上前ですが、ある自動車の部品工場で、廃棄予定日を書いた紙を貼った大型部品が見学路に置かれ、しかも、廃棄日が別の日に上書きされており、ちょっと意外に思った記憶があります。ただし、数年後に同じ工場を再び見学したときには、そういった光景は見られず、その間に工場の管理レベルが上がったことを実感しました。なお、製造工程でJIT（Just-in-Time）を導入している場合は、在庫は必要最小限の量になるはずです。もし、工場でJITを導入しているのに在庫が多い場合には、事情を確認すべきでしょう。

⑤　**連続無事故日数**

　正門を入ると、連続無事故日数を大きく提示している工場もあります。連続無事故日数が1,500日と書かれているとすごいと思いがちですが、よく考えてみると、この工場では5年前に事故が起こっていることになります。会社側は安全性を強調したいと思いますが、見学する側では、工場の作業には危険が伴っていることを認識する、よい機会になると思います。

Q3　ビールの原価計算について、工場見学からどのような気づきがあったのでしょうか。

　工場見学に伴って、工場で働いている方から、製造方法や工場管理の仕方が説明されることもあります。具体的な**原価計算**の方法を聞くことはまずできないでしょうが、製造方法を聞くと、部分的に原価計算を推定できることもあります。たとえば、サントリーのザ・プレミアム・モルツは、仕込釜で麦汁を煮出すデコクションを2回行う、ダブルデコクション製法を採用しています（サ

ントリー、東京・武蔵野ブルワリーHP）。このことから、ザ・プレミアム・モルツは、１回しかデコクションをしていないビールよりも作業時間が長いことから、その分、**製造原価**が大きいことを推測できます。

　アサヒビールのスーパードライの人気は非常に高いのですが、それ以外のビール系商品の販売量をどう伸ばすのかが、課題として指摘されています。しかし、原価計算上は、製造量が多くなるほど１単位当たりの固定費が小さくなるので、利益率が大きくアドバンテージがある、つまり**競争優位性**を持っていることを意味します。このことは当たり前のように思うかもしれませんが、実際にアサヒビールの茨城工場を見学したときに、巨大な発酵・熟成タンクの群れを見ることで改めて実感した次第です。

　日本の大手ビール会社では、全国に散らばる複数の工場で同じビールを製造していますが、工場によって設備投資額や投資時期が異なり、製造量も違いますので、原材料などの変動費の金額が同じだとしても、１単位当たりのビールの製造原価は異なっていることになります。多くの製品は１つの工場で製造されていますが、食品については、鮮度の関係から国内の複数の工場で製造されていることが多く、この点で製品別の収益性の管理が複雑になっていることが想像できます。

Q４　イソップ物語の「農夫と息子たち」について、何か気になるところはありませんか。

　イソップ物語の「農夫と息子たち」を読んだことがありますか。簡単にまとめると、以下のようなストーリーになります。

　３人の息子に、ブドウ畑の１つに宝物を隠したことを告げ、農夫が亡くなります。息子たちは畑の土を掘り返しますが、宝は見つかりません。しかし、畑を耕したことで、今までよりも多くのブドウが実ったのでした（イ

ソップ、中務哲郎訳、1999、53頁[2]）。

　努力の大切さを示唆した教育的な話ですが、この物語を読んで、疑問に思う
ことはありませんか。一般的な畑であれば、よく耕すことで農作物の収穫が増
えるかもしれませんが、ブドウは木になる果実ですので、物語のように宝を探
して深く掘り返すことは、逆に木にダメージを与えるのではないでしょうか。

　工場見学の1つに、ワイナリーの見学があります。あるワイナリーに見学に
行ったときに、この疑問について聞いてみたのですが、答えはやはり「耕さな
い」でした。土壌をやわらかくするために多少土を掘ることもあるようですが、
宝を探すほど深く掘ることはないとのことです[3]。このことからも、実際に作業
をしている人に話を聞くことの大切さがわかります。ただし、イソップがなぜ
ブドウ畑にしたのか、その理由についてはいまだにわかりません[4]。

解答と解説

①　同じ製品を複数の工場で製造すると、工場によって単位原価（1単位当たり
　の製造原価）は異なる。

解答：1　10点

　　工場ごとの生産規模の違いが、固定費の配賦率の違いとなり、単位原価に影
　響します。そのため、生産数量が大きい工場の単位原価ほど小さいことになり
　ます。営業担当者は、値下げ交渉を受けたときに下限の価格を間違えないため
　にも、工場ごとの原価データを知っておくことは重要です。

2　参考文献の『イソップ寓話集』では、この話はわずか6行しか書かれていません。一方、幼児
　向けの絵本である『イソップものがたり⑨』では、息子たちの数は4人に増え、いずれも怠け者
　のうえに、食いしん坊、酒飲みなどと、性格を特徴づけられています。ブドウの収穫後にはブド
　ウ酒を作るなど、文章だけで6頁と、幼児向けにかなり潤色されています。

3　別のワイナリーでも同じことを言われたのですが、面白いのは、聞いた2人の担当者ともに、「農
　夫と息子たち」の話を知らなかったことでした。

4　この疑問について、推測してみた理由は以下の4つです。1. イソップがブドウの木がどのよ
　うなものか知らないで書いた。2. 耕した方がよいブドウの木が存在する。3. 昔は違う果実を
　意味する言葉だった、または同じ単語でブドウ以外の果実も意味している。4. 語り継がれるう
　ちに、違う果実からブドウになってしまった。

② 同じ製品を製造しているのであれば、工場が違っても原価の構成に違いはない。

解答：5　10点

　　労働集約的な工場では労務費の割合が高く、機械化が進んだ工場では減価償却費の割合が高いので、工場全体の原価構成が異なります。また、減価償却費の計算で定率法を使用している場合、新設の工場ほど減価償却費の金額は大きくなります。実はこの問題は、①にも関係しています。一般に、労務費は直接費で、減価償却費は間接費ですので、同じ製品で単位原価も異なることになります。

③ 大企業の工場では情報管理が徹底しているので、生産に関する具体的な数値を見学者が知ることはできない。

解答：4　10点　　5　5点

【原則的な考え方】

　　この問題は、製造業に勤務している人ほど1を選ぶ傾向にあるのではないでしょうか。確かに、多くの工場では、写真撮影を禁止したり、同業者の見学を断っています。しかし、壁や掲示板にQCサークル等の成果物や生産計画を掲示している工場は多くあり、一部ではありますが、見学者も生産についての情報を知ることができます。

【例外的な考え方】

　　本当に情報管理を徹底している工場もありますので、本問では4を正解としました。

第14章についてのコメント

　　工場見学に行ったことがある方は多いと思いますが、工場見学のときに何を意識すべきかまで考えたことがある人は少ないのではないでしょうか。第14章では、工場見学のポイントを5つ示すとともに、工場見学から原価計算を推察する例を書いてみました。工場見学に慣れるまでは、見学から得ることは少ないと思います。最初のころの私もそうでしたが、1回の工場見学で何か1つ気がついて帰ることを目標にして見学をしていました。

　イソップ物語の謎については、子供が小さいときに読み聞かせをしたときの疑問をもとに書いています。最近の食品工場は、ガラス越しにしか製造工程を見ることはできません。30年前の製造ラインのそばで見学ができた時代は、見学者としてはよかったのですが、安全管理という観点からは、今の状態がベストなのだろうと思います。

　今回は工場見学に焦点を絞って記述しました。大規模な倉庫でのピッキングを人手で行うと、非効率的であるうえに、整理・整頓が難しくなりますが、現在では、工場の隣接施設である倉庫の自動化も進んでいますので、可能であればぜひそちらも見学をしていただきたいと思います。

　本社部門の効率化も企業の大きな課題であり、他社のオフィスを訪問し見学する機会も多くなっています。同業他社であっても、競争しているのは製品やサービスであり、本社部門の管理については、企業間で情報交換が進んでいます。業務の実施方法に関する意見交換だけではなく、オフィス自体の管理・運営についても注目してみてはどうでしょうか。他社だけではなく、自社の別拠点でもこのような観察を行い、自分のオフィスに適用することは可能です。

参考文献

イソップ、中務哲郎訳（1999）『イソップ寓話集』岩波書店
イソップ、平田昭吾訳（1995）『イソップものがたり⑨うさぎとかめ』ブティック社

第15章 管理会計の最先端とは

《第15章のテーマ》

　2巻にわたって紹介したQ&Aも、これで最後の章になります。第15章では、今までの総まとめとして、タイトルである「管理会計の最先端」について考えてみたいと思います。

―――――――――――アカウンティング・クイズ―――――――――

1　以下の文章について、もっとも当てはまる選択肢を、枠内の1～5から選んでください。

①　企業グループの全体最適と、グループ会社の部分最適の不一致の問題は、グループ会社間で取引を行っている場合にのみ発生する。

②　統合前の合算した利益より、統合後の利益のほうが大きければ、この企業統合は失敗ではなかったといえる。

③　コスト削減をして、グループ会社に提供するサービスの価格を毎年引き下げるのが、シェアードサービス会社のミッションである。

```
1   ○
2   △（原則的には○だが例外がある）
3   △（○か×か意見が分かれて結論が出ていない）
4   △（原則的には×だが例外がある）
5   ×
```

2　第1章～第15章の中から、通常の管理会計のテキストには記載されていない内容を3つあげてください。

1
①		②		③	

2

Q1　企業グループの全体最適と部分最適の問題が、グループ企業 間の取引ではない場合に生じるケースを説明してください。

　20世紀末より、日本企業もグループ経営に大きく舵を切っています。ところ が、多くの管理会計の手法は、個別企業での適用を前提として検討されていま す。グループ会社の最適化が、必ずしもグループ全体の最適化につながらない ことは、第1章で述べたとおりです。企業グループの**全体最適**と、グループ会 社の**部分最適**の不一致の問題の多くは、グループ会社間で取引がある場合に発 生します[1]。しかし、以下のように、グループ会社間の取引ではなくても、この 問題は発生します。

　A社とB社はX社グループに属しており、同じサービスを提供していま すが、両者ともに企業グループ外部のC社に対して営業を行っています。

　A社の条件：価格1,000万円（利益率20％）

　B社の条件：価格　980万円（利益率20％）

　同じサービスの提供を受けるのであれば、C社は提示された価格が安いB社 を選択しますが、X社グループにとっては、B社が受注したことで4万円※の 利益を失っていることになります。　　　　　※（1,000万円－980万円）×0.2＝4万円

　B社が営業を辞退してA社が受注することで、この問題は解決します。しか し、傘下のグループ会社の業績は、利益または利益率で親会社が評価していま すので、売上と利益が減少する状況を、B社が素直に受け入れるとは思えませ ん。本社内にグループ管理部門等の組織があったとしても、グループ管理の目 的を、個々のグループ会社の利益（率）最大化におきつつ、ガバナンスにも目 配りしているのが現状であり、意識的に全体最適と部分最適の問題を管理して いる話を、私は聞いたことがありません。それ以前の問題として、グループ本

1　グループ会社間の取引を前提とした全体最適と部分最適のケースについては、園田（2018）を 参照してください。

社がグループ管理部門を持っていない、または、ほとんど機能していない企業グループも、ある程度はあるのではないでしょうか。

　B社が営業を辞退したとしても、A社が必ず受注できるわけではありません。グループ外部の企業が受注すれば、X社グループにとっては、B社が受注したよりも悪い結果となります。このように、**グループ・マネジメント**で全体最適と部分最適を両立するのは、さまざまな問題が複合的に関係しており、大変難しいのが現実ですが、解決の困難さと問題の存在は切り離して考えるべきです。グループ会社の最適化とグループ全体の最適化は、問題の存在を認識することも難しいですし、解決することも難しいのですが、だからといってないことにするのは、グループ・マネジメントとして適切な方向性ではありません。

　個々の企業が多角化して事業部制をとっている場合も、事業部間の内部振替価格の設定や忌避宣言権の問題など、企業全体の最適化と事業部の部分最適化の問題が生じます。しかし、社内的な関係性と、法人格が異なる企業間の関係性を考えると、前者のほうが統制しやすいのは明らかであり、両者の難易度には差があります。

Q2　企業統合の成功・失敗は、会計的な指標だけで判断できるのでしょうか。

　応用的な問題設定として、**企業統合**における最適化の問題があります。それぞれ業績が好調なC社とD社が統合し、統合後に業績がさらに向上した場合、一般的にはこの統合は成功したとされます。統合後に拠点の統廃合が行われるほか、経理や人事などの間接業務やシステムの標準化も行われますが、形式的には対等合併をうたっていても、理想的な制度を新しく設計するケースは少なく、どちらかの企業のやり方に片寄せすることになります。統合後にC社のやり方が継承され、D社系の社員がそれに従うことになったり、C社系の社員が評価や処遇で優遇され、D社系の社員が冷や飯を食う場合には、D社系の社員

としては、統合をしないほうが幸せだったのではないでしょうか。

　この場合は、統合後の組織の観点での全体最適は達成されていても、統合前のD社系の社員の満足度または幸福度が下がるという結果になっており、旧D社の最適化が犠牲になっています。このような不一致は、全体最適の観点が売上高や利益という会計的な指標であるのに対して、部分最適の観点が、満足度や幸福度といった定性的なものであるために生じています。このことから、企業の行動が成功したか失敗したかを会計的な指標だけで判断することは、必ずしも適切ではない場合があることがわかります。

Q3　①事業部ごとに営業担当者を置くことと、②シェアードサービスの実施について、プラスとマイナスの両者の論拠を示してください。

　これまでに示したケースだけではなく、組織のあり方や管理会計の手法は、どのように選択しても、プラスの側面だけではなく、マイナスの側面も持っています。たとえば、事業部ごとに営業担当者をおけば、顧客に対して丁寧な営業活動を行うことができますが、別の事業部の製品と一緒に注文できないという、顧客にとっては面倒な側面も残ります。

　私の研究テーマであるシェアードサービスについても、特殊なケースを除き、大企業であること、中央集権的な組織文化であること、国内のグループ会社に限定的な適用であることなど、導入には一定の条件があります。導入することで、企業グループ全体の間接業務のコスト削減と品質向上が期待できますが、従業員のモチベーションという課題も生じています。それぞれの企業グループの状況に応じて、シェアードサービスだけではなく、個別企業での実施、アウトソーサーへの依頼、各種手法の組合せなどを選択すればよいのであり、すべての企業グループが適用すべき最善の手法が存在するわけではありません。

Q4　すべてのコストは、できるだけ低くすべきでしょうか。

　一般的には、コストは低いほうがよいとされています。しかし、売上を得るためには、広告宣伝費や販売促進費の支出が欠かせませんし、長期的に考えれば収益の源泉となる研究開発費や、コーポレート・ブランドを創出するための費用も必要です。目立たない費用ですが、従業員の能力を向上させるための教育研修費もあります。これらは、効果を期待しての費用ですので、必ずしも小さければよいわけではありません。冗費をおさえつつ、効果を発揮させるための支出はいとわない決意が求められています。なお、純粋なCSRのための費用は、基本的には収益の源泉とはなりませんので、そのような支出が株式会社で認められる理由や、どの水準であれば許容できるのかも、管理会計では検討すべき事項です。

　SSC（Shared Services Center）、特にシェアードサービス会社のミッションは、グループ会社に提供するサービスの価格を引き下げることですが、そのためには、自社内のコスト削減が必須になります。毎年2％から3％の価格引下げを目的としているシェアードサービス会社もありますが、コストは無限には下げられませんので、何％下げたら価格をそれよりも下げないという、下げ止めの約束を、事前にグループ会社としておく必要があります。ほかの本社部門もそうですが、コストを下げすぎると、必要な品質のサービスが提供できなくなる恐れがあります。ここでも、会計的な業績と定性的な目的（または非財務指標）との対立という問題が存在しています。

Q5　管理会計の最先端とは、結局、何を意味していたのでしょうか。

　この書籍のタイトルは、『Q&A管理会計の最先端』ですが、研究上明らかになったことだけではなく、明らかになっていないことも書いてきたつもりです。管理会計に限らず、マネジメント系の理論では、例外が存在しており、単純に

○か×かを決めることができないことが多くあります。本書では、より深く考える必要性を認識してもらうことを意図して、解答に3種類の△を加えてみました。

　管理会計の最先端は、実は、既存の理論のすぐ近くにあります。たとえば、全体最適と部分最適については、既存の管理会計でも、事業部の忌避宣言権の問題や、投資利益率と新規事業の実施の意思決定の問題などとして指摘されています。グループ経営の管理会計では、**連結会計**という要素が加わるために計算が複雑になるのと、同じ企業グループとはいえ、独立した企業間の問題になり、親会社の意向を反映しづらいという、全体最適の実現の困難性という問題が加わりますが、既存の理論で得た知見と全く関係ないわけではありません。

　サービスの原価計算の研究はそれほど行われていませんが、第13章で書いたように、サービスの売上と期間的に対応しない原価は、財務会計上は仕掛品として資産計上されています。サービスの原価計算も製品の原価計算の応用と位置付けられますが、すべてのサービス業でそのような処理をしているのか、どの範囲の原価が仕掛品に計上されているのか、間接費は仕掛品に含まれているのかなど、依然として明らかではない事項も多く存在します。

　管理会計は企業の中でさまざまな形で使われています。予算や事業部制会計イコール管理会計と考えている人もいるでしょうし、表計算ソフトでの集計と分析を管理会計と考えているかもしれません。しかし、管理会計の適用範囲は、もっと広く、さまざまな業務に適用可能です。企業または企業グループ全体の最適化をどう図るのかという大きな視点からの発想力も必要ですし、金額的な情報だけではなく、そのほかの情報も含めての最適化を意識しなくてはなりません。読者の皆さんが、今後の業務の中で、そのような考えを少しでも取り入れてくださるのであれば、本書を出版した意味もあるのではないかと思います。

解答と解説

①　企業グループの全体最適と、グループ会社の部分最適の不一致の問題は、グループ会社間で取引を行っている場合にのみ発生する。

解答：5　10点

　全体最適と部分最適の問題は、グループ会社間の取引を例として、さまざまなケースを考えることができます。しかし、利益率の異なるグループ会社が、同じグループ外の取引先に営業上の競合をする場合にも、この問題は発生します。問題文では、「場合にのみ」と限定していますので、解答は5を正解としました。

②　統合前の合算した利益より、統合後の利益のほうが大きければ、この企業統合は失敗ではなかったといえる。

解答：2　10点　1　5点

【原則的な考え方】

　統合前の合算した利益よりも、統合後の利益の方が大きければ、会計的には失敗ではないと判断できます。問題文で、成功ではなく「失敗ではない」と表現したのは、利益の加算分が少額の場合は、必ずしも成功とまでは言えないからです。

【例外的な考え方】

　統合後に全体としての利益が増えても、被買収会社の社員は、社内的な評価や処遇で不利に扱われるかもしれませんし、買収会社の方針に従わされることもあると思います。その場合には、被買収会社の社員で、企業統合をしない方がよかったと思う人も多くいることでしょう。

③　コスト削減をして、グループ会社に提供するサービスの価格を毎年引き下げるのが、シェアードサービス会社のミッションである。

解答：2　10点　1　5点

【原則的な考え方】

　シェアードサービスの会計上の目的はコスト削減ですので、それに伴い、グループ会社に提供するサービスの価格を引き下げていくことになります。

【例外的な考え方】

コストは無限に引き下げることはできませんので、何%価格を下げたら引き下げをやめるのかを、事前にグループ会社と合意しておく必要があります。この作業は意外と実施されていないようですが、シェアードサービス会社は赤字になりづらい代わりに、一度赤字になったら黒字に転換するのも難しい特徴があります。なお、第1巻の第15章で書いたように、コスト削減は業務の集中と効率化の結果であり、シェアードサービス化とともに従業員の給料を引き下げるのは、やめた方がいいと思います。

第15章についてのコメント

第15章は、最後を締めるテーマとして「管理会計の最先端とは」というテーマにしたのですが、一番執筆に苦労しました。学問上の最先端は、水平線の先ではなく、水際の一歩だけ先にあります。その意味で、どこが水際かわからない、つまり既存の理論の理解があいまいなら、この本で書かれた中で、何が最先端だったのかはわからないかもしれません。

執筆を続ける中で、「管理会計と隣接学問の関連を探る」シリーズや、年度ごとの新作問題の棚卸しなど、シリーズ物を作ることもできましたし、学会の全国大会開催やゼミのマネジメントなど、自分の仕事を振り返ることもできました。独立行政法人の業績評価、RPA（Robotic Process Automation）によるコスト削減、PTAのマネジメント・コントロール、隣接学問（労務管理）との関連、演劇のマネジメント・コントロール、管理会計の研究方法論など、まだ書きたいテーマがいくつかありますので、どこかのタイミングでお目にかかる機会があるかもしれません。その際は、ぜひ、ご一読いただければと思います。

ここまで読んでいただいて、ありがとうございました。

参考文献

園田智昭（2011）「企業統合後の間接業務の標準化について」『會計』179巻2号
園田智昭（2018）「企業グループの部分最適と全体最適の類型化」『三田商学研究』
　　61巻1号

索　引

英数字

ABC（Activity Based Costing） ············ 11
ABM（Activity Based Management）·· 92
CMS（Cash Management System） ······· 19
cost ··104
CSR ···124
CVP図表 ··34
CVP分析 ···34, 53
ERP ··11
expense ···104
IFRS ··99
JIT（Just-in-Time）······························115
Malmi and Brown ·······················44, 52
MCSパッケージ ···44
ROA（Return on Assets）·················20
RPA（Robotic Process Automation）·· 22
Simons ···43
SSC（Shared Services Center）······71, 124

あ行

アウトソーサー ··· 6
アクション・リサーチ ·································51
後入先出法 ···11
アンソニー ···43
一般に公正妥当と認められる会計基準 ·· 11
移転価格課税 ···6
移転価格マネジメント ··································· 3
インターラクティブ・コントロール・
　システム ···43
インベストメントセンター ·······················61
売上原価 ···104

売上高線 ··35
営業外費用 ··104
営業量 ··34
役務原価 ···106
役務収益 ···106
オペレーショナル・コントロール ···········43

か行

回帰分析 ··35
会計期間 ··96
会計情報の範囲 ···96
階梯式配賦法 ···13
課金（チャージ）···64
加工組立型 ··114
学会：全国大会 ···51
活動基準管理 ···92
活動基準原価計算 ···11
貨幣額 ··46
環境会計 ···3
監査 ··18
勘定科目法 ···35
管理会計 ··96
管理的コントロール ·························44, 52, 80
機会原価 ··28
機械作業時間 ···114
機会損失 ··27
企業会計基準委員会 ··12
企業会計原則 ···11
企業グループ型ロイヤルティ・
　プログラム ···3
企業グループの価値評価 ··································3
企業グループ・マネジメント ·············2, 20

企業統合 ……………………………122
規制の有無 …………………………96
機能別組織 …………………………61
基本計画設定 ………………………12
境界システム ………………………43
業績測定の対象 ……………………96
業績評価 ……………………………60
業績評価指標 ……………………28, 61
競争優位性 …………………………116
グループ・マネジメント ………122
経営学 ………………………………47
計画 ……………………………44, 52, 80
原価 …………………………………104
限界利益 ……………………………90
原価計算 ………………………11, 115
原価計算：ビール ………………115
原価計算基準 ………………………11
原価計算基準：目的 ……………12
減価償却費 …………………………108
減価償却方法 ………………………108
貢献利益法 …………………………97
工場見学 ……………………………113
高低点法 ……………………………35
コストセンター ……………………60
コスト・ドライバー ……………92
固定費 …………………………34, 116
固変分解 ……………………………34
コミッテッド・コスト ………108
コントロール・レバー ……………43
コンフリクト（対立） ……………4

さ行

サービス ……………………………105
サービス原価 ………………………106
財管一致 ……………………………98
在庫率 ………………………………28
最小自乗法 …………………………35

サイバネティック・コントロール …44, 52, 80
差異分析 ……………………………97
財務会計 ……………………………96
財務会計基準 ………………………12
財務会計基準機構 …………………12
財務諸表 …………………………18, 97
下げ止め ……………………………124
シェアードサービス ……………123
シェアードサービス会社 ……3, 56, 64, 69
仕掛品 ………………………………106
資産管理 ……………………………18
資産の実在性 ………………………18
準固定費 ……………………………35
準変動費 ……………………………35
正味現在価値法 ……………………96
職能別組織 …………………………61
信条システム ………………………43
診断的コントロール・システム …43
人的資産管理 ………………………3
スキャッターチャート法 ………35
製造間接費 ………………………91, 114
製造原価 ………………………104, 116
責任センター ………………………60
セグメント会計 ………………2, 96
セグメント別損益計算書 ………97
ゼミ …………………………………77
ゼミナール …………………………78
全体最適 …………………………3, 20, 121
戦略的計画 …………………………43
総資産利益率 ………………………20
装置型 ………………………………114
損益計算書 …………………………18
損益分岐点 …………………………53
損益分岐点分析 ……………………34

た行

貸借対照表項目 ……………………18

退職給付費用 …………………………… 11
退職給与引当金繰入額 ………………… 11
小さな組織 ……………………………… 77
知識の移転 ……………………………… 3
チャージバック・システム …………… 64
直接作業時間 ……………………… 91, 114
適用指針 ………………………………… 14
投資決定権限 …………………………… 61
取引コスト ……………………………… 90

な行

内部売上高 ……………………………… 99
内部振替価格 …………………………… 62
内部振替高 ……………………………… 99
内部利益率法 …………………………… 96

は行

配賦額 …………………………………… 91
配賦基準 ………………………………… 114
販売費及び一般管理費 …………… 13, 104
非財務的指標 ……………… 46, 54, 96
非付加価値活動 ………………………… 92
費用 ……………………………………… 104
標準原価計算 …………………………… 12
費用性資産 ……………………………… 104
費用線 …………………………………… 34
付加価値活動 …………………………… 92
部分最適 …………………… 3, 20, 121
ブランド ………………………………… 20
プロフィットセンター ………………… 61
文化的コントロール ………… 44, 52, 80
変動費 …………………………………… 34
変動費率 ………………………………… 34
報奨と報酬 ………………… 44, 52, 80

ま行

マニュアル ……………………………… 81
マネジド・コスト ……………………… 39
マネジメント・コントロール ·3, 43, 52, 78, 79
マネジメント・コントロール・システムズ・パッケージ ………………………… 44
見積財務諸表 …………………………… 97
ミニプロフィットセンター …………… 63
未来情報 ………………………………… 96

や行

有価証券報告書 ………………………… 97
予算管理 ………………………………… 97

ら行

利益マネジメント ……………………… 107
利益率 …………………………………… 116
レピュテーション・マネジメント ……… 71
レベニューセンター …………………… 60
連結会計 …………………………… 2, 125
連結事業セグメント …………………… 97
連結セグメント ………………………… 3
連結セグメント会計 ……………… 2, 97
連結セグメント情報 …………………… 97
連結損益計算書 ………………………… 5
連結利益 ………………………………… 4
ロイヤルティ …………………………… 88
労務費 …………………………………… 114

わ行

割引計算 ………………………………… 96

■**著者紹介**

園田　智昭（そのだともあき）

慶應義塾大学商学部教授
博士（商学）［慶應義塾大学］、公認会計士
公認会計士試験試験委員（2006〜2010年）
総務省契約監視会構成員（2009〜）
財務省第3入札等監視委員会委員（2020〜）

1986年　慶應義塾大学経済学部卒業
1989年　公認会計士第3次試験合格
1991年　慶應義塾大学大学院商学研究科博士課程単位取得
2006年　慶應義塾大学商学部教授
2018年　武蔵野大学客員教授（兼務）、現在に至る

主要著書
『シェアードサービスの管理会計』中央経済社、2006年
『イノベーションと事業再構築』共著、慶應義塾大学出版会、2006年
『原価・管理会計入門』共著、中央経済社、2010年
『プラクティカル管理会計』中央経済社、2017年
『企業グループの管理会計』編著、中央経済社、2017年
『Q&A管理会計の最先端—より深く学ぶためのアプローチ—』日本公認会計士協会
　　出版局、2019年

本書は、『会計・監査ジャーナル』2018年2月号〜2019年11月号の連載に加筆、
修正して書籍化したものです。

Q&A管理会計の最先端2 ―最先端を超えた超先端―

2020年4月30日　初版発行

著　者　園　田　智　昭 ©

発行者　手　塚　正　彦

発行所　**日本公認会計士協会出版局**

〒102-8264　東京都千代田区九段南4-4-1　公認会計士会館
電話　03(3515)1124
FAX　03(3515)1154
URL：https://jicpa.or.jp/

Printed in Japan 2020　　　　　　製版：(有)一　企　画
印刷製本：(株)あかね印刷工芸社

落丁、乱丁本はお取り替えします。
本書に関するお問い合わせは、読者窓口：book@sec.jicpa.or.jp までお願い致します。

ISBN 978-4-910136-02-8 C2034

本 書 の 姉 妹 書

Q&A管理会計の最先端
－より深く学ぶためのアプローチ－

■園田　智昭　著
■Ａ５判／136頁
■定価：1,800円＋税

・管理会計の「理論」を「実務」に活かすための解説が満載
・Q&A方式で読みやすい
・管理会計をより深く学びたい方にお勧め！

★電子書籍も発売中！